W0368250

Barbara Cratzius

Der Mond kommt durch die Nacht geschwommen

Die Autorin: Barbara Cratzius arbeitete in Kiel und Madrid als Lehrerin. Heute lebt sie mit ihrem Sohn in Kiel. Seit zehn Jahren veröffentlicht sie Kinderbücher und Liedertexte.

Barbara Cratzius

Der Mond kommt durch die Nacht geschwommen

Einschlafgeschichten für Kinder
und Tips für Eltern

Mit Illustrationen von
Jule Ehlers-Juhle

scriptor

Dies ist ein Buch aus dem
Büro für wissenschaftliche Publizistik
Dr. Horst Speichert
Emanuel-Geibel-Str. 18
6200 Wiesbaden
Redaktion: Sylvia Winnewisser

CIP-Titelaufnahme der Deutschen Bibliothek

Der Mond kommt durch die Nacht geschwommen: Einschlafgeschichten für Kinder und Tips für Eltern/
Barbara Cratzius. Mit Ill. von Jule Ehlers-Juhle. - Frankfurt /Main: Scriptor, 1990
ISBN 3-589-20908-9

© 1990 Scriptor Verlag GmbH & Co., Frankfurt am Main.
Das Werk und seine Teile sind urheberrechtlich geschützt.
Jede Verwertung in anderen als den gesetzlich zugelassenen Fällen bedarf deshalb der vorherigen schriftlichen Einwilligung des Verlages.
Umschlagentwurf: Lochmann's Studio, Frankfurt am Main
Zeichnungen: Jule Ehlers-Juhle, Hannover
Herstellung: Büro für wissenschaftliche Publizistik, Wiesbaden
Satzkonvertierung und Umbruch: spiecker Verlag & Werbung, Frankfurt am Main
Druck und Bindung: Clausen & Bosse GmbH, Leck
Vertrieb: Cornelsen Verlagsgesellschaft, Bielefeld
Printed in West-Germany
ISBN 3-589-20908-9
5 4 3 2 1

Inhalt Seite

Wenn Sandmännchen streikt...

Das Bedürfnis zu schlafen ist so zwingend wie Hunger oder Durst. Wer könnte (über)leben ohne Schlaf?
Manchmal indes, wenn wir unsere Kinder betrachten, scheint alles andere zu stimmen, nur dies nicht.
Jetzt ist es schon gleich elf, und Manuela steht - zum wievielten Male? - in der Wohnzimmertür, den Molo, ihren Teddy, fest an sich gepreßt, die Augen gerötet.
„Na, jetzt reicht's aber...", brummt der Vater. Mutter Karin stöhnt auf. Genervt sieht sie ihre Freundin an. Endlich hatte es mal geklappt mit dem Doppelkopf. Manuela aber hat ihnen nun einen dicken Strich durch die Rechnung gemacht. Heute sind die Erwachsenen noch so gut „drauf", daß sie, wenn auch knurrend und murrend, von Doppelkopf auf Skat umschalten, damit sich einer von den geplagten Eltern dem Kind widmen kann.
„Laß mich", sagt die Mutter, „du bist zu gereizt." Als die Skatrunde um halb eins „den vierten Mann" vermißt, finden sie Mutter und Tochter friedlich nebeneinander schlummernd im Kinderbett.
Auf Dauer geht das aber nicht. Denn auch Eltern haben ein Recht auf Erholung, Entspannung und Freizeitvergnügen.
Für die nächste Doppelkopfrunde wird ein Babysitter engagiert, obwohl sie wieder zu Hause bei Manuelas Eltern stattfindet. Und es klappt: Zunächst sind Manuela und ihre große „Freundin" noch ein Weilchen im Wohnzimmer dabei und schauen dem Spiel zu.
Zwar müssen Papa und Mama noch zum Gutenachtkuß ins Kinderzimmer, aber ansonsten können sie den Doppelkopfabend genießen, wie sie sich das gewünscht haben.
Das Schlafbedürfnis hat mit Hunger und Durst gemeinsam, daß es sich aufgrund bestimmter biologischer Prozesse in unserem Körper herstellt. Dies geschieht zwar in einem bestimmten Rhythmus, keineswegs aber immer nach der Mechanik unserer Uhren. Bei uns

nicht. Und bei Kindern auch nicht.
Wer am Abend eine lange Wanderung hinter sich hat, wird zu anderer Zeit müde, als wenn er sich den ganzen Tag in der Wohnung auf einen Ball eingestellt hat...
Es ist also unrealistisch, wenn wir von unseren Kindern erwarten, daß sie abends immer zur gleichen Zeit müde werden, obschon das oft geschieht.
Kinder können z. B. wegen Tobens oder wegen Langeweile oder Aufregung mal früher, mal später müde werden.
Als „Störfaktoren" kommen vor allem vor:
- Neugier (wie das sicher auch bei Manuela der Fall war)
- das Bedürfnis nach Zuwendung: Wenn die Eltern mal sehr mit sich beschäftigt sind und nicht die Zeit, aber vor allem nicht die innere Ruhe finden, dem Kind zuzuhören, ihm Aufmerksamkeit zu schenken
- eigene Probleme oder Konflikte – etwa Angst, wenn es mal atmosphärisch zwischen den Eltern nicht ganz stimmt, oder Ärger im Kindergarten, Eifersucht und Neid auf ein Geschwisterkind.
Es ist wichtig, daß wir eine Ahnung haben, warum unser Kind nicht so reagiert, wie wir es gewohnt sind und vielleicht gerne hätten. Es gibt leider noch immer Elternratgeber, die uns einreden, unser Kind wolle uns „tyrannisieren" und seine „Macht" über uns ausprobieren. Dabei geht es nur darum, daß das Schlafbedürfnis sich noch nicht eingestellt hat oder durch ein anderes „Bedürfnis" gestört ist. Es ist verständlich, wenn Eltern in solchen Situationen enttäuscht, ärgerlich oder wütend reagieren. Allerdings wird dadurch das Schlafbedürfnis des Kindes nicht positiv beeinflußt.
Liebe Eltern, in vielen Fällen hilft Ihnen dieses Buch, sich Enttäuschungen und dem Kind die davon ausgehenden Spannungen zu ersparen. Es hilft, statt dessen, eine entspannte Atmosphäre zu schaffen.
Wenn Sie spüren, daß Ihr Kind noch Probleme vom Tag in sich bewegt, versuchen Sie vorsichtig, mit ihm darüber zu reden. Oder probieren Sie es mit dem autogenen Training *(s. S. 144ff.).*
So, und nun: Viel Einschlaf-Vergnügen mit unserem Buch wünschen Ihnen

Ihre Barbara Cratzius und Ihr Horst Speichert

Kapitel 1

Ach, ich bin noch gar nicht müde...
Vom Sandmännchen, vom Schmusen und Kuscheln vor dem Einschlafen

Liebe Eltern!

Woran kann es liegen, wenn Kinder abends glockenwach sind? Das ist so schwer nicht herauszufinden.
Den Kindern geht es da kaum anders als uns Erwachsenen. Überlegen Sie doch mal, was Ihnen so durch den Kopf geht, wenn Sie mal nachts wach liegen.
Ja, es können durchaus Sorgen sein, die Kinder nicht müde werden lassen. Unser Kind ist von einem Freund enttäuscht, uns aber kommt es nur quengelig, trotzig oder überdreht vor.
Leider haben viele Erwachsene verlernt, auf ihre inneren Stimmen zu hören. Sie schieben dann ihre Schlaflosigkeit z. B. aufs Wetter. Und sie greifen zu Pillen, um selber „schlafen" zu können (Pillenschlaf ist kein richtiger Schlaf). Solche Menschen haben es schwer, sich in ihre Kinder einzufühlen und ihre Probleme zu verstehen.
Aber es gibt noch mehr Möglichkeiten, warum Kinder nicht einschlafen können. Einige haben wir in der Einleitung genannt: Neugier, wenn Gäste da sind. Neugier ist ein sehr wichtiges Bedürfnis. Es ist die Grundlage unserer Intelligenz. Wenn Neugier ein Kind am Schlafen hindert, sollten wir die positiven Seiten der Sache betrachten und versuchen, das Beste daraus zu machen. Und wenn das Schlafhindernis darin besteht, daß das Kind einfach noch ein paar „Streicheleinheiten" braucht: Ist es nicht auch schön zu erleben, daß wir so wichtig für die Kinder sind?
Wenn es Krankheit ist, die den Schlaf am Kommen hindert, ist es wohl am wenigsten problematisch... Weil dann alles so „klar" ist.
In jedem Fall: dem Kind vorzulesen und mit ihm in die Welt von Sandmännchen zu entfliehen - das hilft und ist schön für alle Beteiligten.

Angenehme Träume
Ihr Horst Speichert

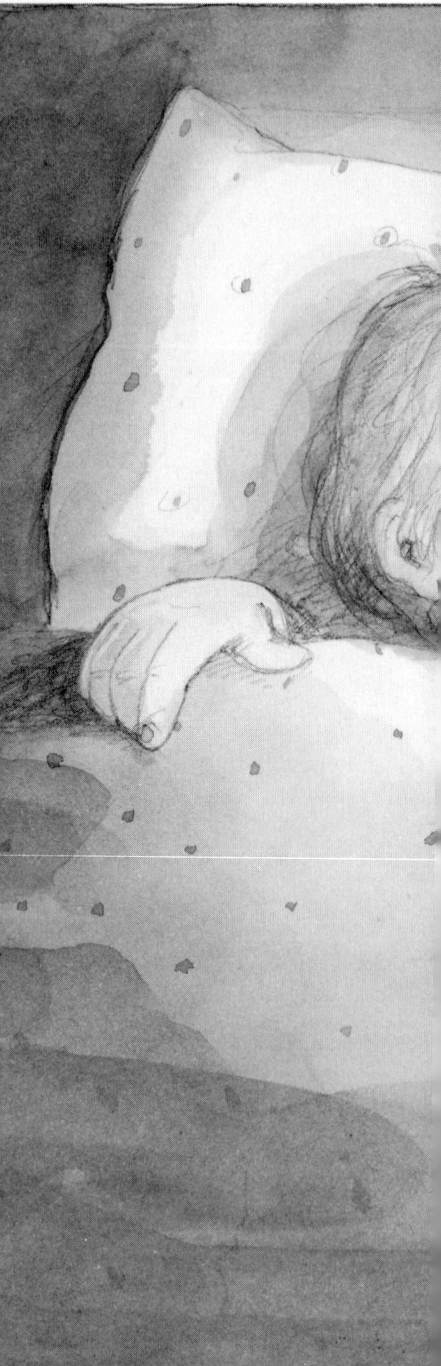

Von der Lampe

Der Knirps ging ins Bett.
Die Lampe stand daneben.
Der Knirps mochte es,
wenn sie brannte.
Dann fühlte er sich wohl.
„Erzähl mir was", bat der Knirps.
Die Lampe summte leise:
„Ich bin nur für dich da.
Du kannst mich anknipsen.
Dann wird es hell im Zimmer.
Dann kannst du Bilder ansehen.
Du kannst spielen.
Und du kannst Geschichten lesen.
Aber das Schönste ist,
daß du mich auch ausknipsen
kannst."
Aber dann ist es doch dunkel",
sagte der Knirps.
„Und das ist gut so",
sang die Lampe. „Dann
machst du die Augen zu
und schläfst.
Dann träumst du.
Du weißt ja,
daß ich immer hier bin."
„Fein", sagte der Knirps,
„das will ich ausprobieren."
Er knipste die Lampe aus.
Und schon schlief er ein.

Max Kruse

Der kleine Häwelmann

Es war einmal ein kleiner Junge, der hieß Häwelmann. Des Nachts schlief er in einem Rollenbett und auch des Nachmittags, wenn er müde war; wenn er aber nicht müde war, so mußte seine Mutter ihn darin in der Stube umherfahren, und davon konnte er nie genug bekommen.

Nun lag der kleine Häwelmann eines Nachts in seinem Rollenbett und konnte nicht einschlafen; die Mutter aber schlief schon lange neben ihm in ihrem großen Himmelbett. „Mutter", rief der kleine Häwelmann, „ich will fahren!" Und die Mutter langte im Schlaf mit dem Arm aus dem Bett und rollte die kleine Bettstelle hin und her, und wenn ihr der Arm müde werden wollte, so rief der kleine Häwelmann: „Mehr, mehr!" und dann ging das Rollen wieder von vorne an. Endlich aber schlief sie gänzlich ein; und soviel Häwelmann auch schreien mochte, sie hörte es nicht; es war rein vorbei.

Da dauerte es nicht lange, so sah der Mond in die Fensterscheiben, der gute alte Mond, und was er da sah, war so possierlich, daß er sich erst mit seinem Pelzärmel über das Gesicht fuhr, um sich die Augen auszuwischen; so etwas hatte der alte Mond all sein Lebtag nicht gesehen: Da lag der kleine Häwelmann mit offenen Augen in seinem Rollenbett und hielt das eine Beinchen wie einen Mastbaum in die Höhe. Sein kleines Hemd hatte er ausgezogen und hing es wie ein Segel an seiner kleinen Zehe auf. Dann nahm er ein Hemdzipfelchen in jede Hand und fing mit beiden Backen an zu blasen. Und allmählich, leise, leise, fing es an zu rollen, über den Fußboden, dann die Wand hinauf, dann kopfüber die Decke entlang und dann die andere Wand wieder hinunter. „Mehr, mehr!" schrie Häwelmann, als er wieder auf dem Boden war; und dann blies er wieder seine Backen auf, und dann ging es wieder kopfüber und kopfunter. Es war ein großes Glück für den kleinen Häwelmann, daß es gerade Nacht war und die Erde auf dem Kopf stand; sonst hätte er sich doch zu leicht den Hals brechen können.

Als er dreimal die Reise gemacht hatte, guckte der Mond ihm plötzlich ins Gesicht. „Junge", sagte er, „hast du noch nicht genug?" - „Nein", schrie Häwelmann, „mehr, mehr! Mach mir die Tür auf! Ich will durch die Stadt fahren; alle Menschen sollen mich fahren sehen." - „Das kann ich nicht", sagte der gute Mond; aber er ließ einen langen Strahl durch das Schlüsselloch fallen; und darauf fuhr der kleine Häwelmann zum Hause hinaus.
Auf der Straße war es ganz still und einsam. Die hohen Häuser standen im hellen Mondschein und glotzten mit ihren schwarzen Fenstern recht dumm in die Stadt hinaus; aber die Menschen waren nirgends zu sehen. Es rasselte recht, als der kleine Häwelmann in seinem Rollenbett über das Straßenpflaster fuhr; und der gute Mond ging immer neben ihm und leuchtete. So fuhren sie Straßen aus, Straßen ein; aber die Menschen waren nirgends zu sehen. Als sie bei der Kirche vorbeikamen, da krähte auf einmal der große goldene Hahn auf dem Glockenturm. Sie hielten still. „Was machst du da?" rief der kleine Häwelmann hinauf. „Ich krähe zum ersten Mal!" rief der goldene Hahn herunter. „Wo sind denn die Menschen?" rief der kleine Häwelmann hinauf. „Die schlafen", rief der goldene Hahn herunter, „wenn ich zum dritten Mal krähe, dann

wacht der erste Mensch auf." - „Das dauert mir zu lange", sagte Häwelmann, „ich will in den Wald fahren, alle Tiere sollen mich fahren sehen!" - „Junge", sagte der gute alte Mond, „hast du noch nicht genug?" - „Nein", schrie Häwelmann, „mehr, mehr! Leuchte, alter Mond, leuchte!" Und damit blies er die Backen auf, und der gute alte Mond leuchtete, und so fuhren sie zum Stadttor hinaus und übers Feld und in den dunklen Wald hinein. Der gute Mond hatte große Mühe, zwischen den vielen Bäumen durchzukommen; mitunter war er ein ganzes Stück zurück, aber er holte den kleinen Häwelmann doch immer wieder ein.
Im Walde war es still und einsam; die Tiere waren nicht zu sehen; weder die Hirsche noch die Hasen, auch nicht die kleinen Mäuse. So fuhren sie immer weiter, durch Tannen- und Buchenwälder, bergauf und bergab. Der gute Mond ging nebenher und leuchtete in alle Büsche; aber die Tiere waren nicht zu sehen; nur eine kleine Katze saß oben in einem Eichbaum und funkelte mit den Augen. Da hielten sie still. „Das ist der kleine Hinze", sagte Häwelmann, „ich kenne ihn wohl; er will die Sterne nachmachen." Und als sie weiterfuhren, sprang die kleine Katze mit von Baum zu Baum. „Was machst du da?" rief der kleine Häwelmann hinauf. „Ich illuminiere!" rief die kleine Katze herunter. „Wo sind denn die andern Tiere?" rief der kleine Häwelmann hinauf. „Die schlafen!" rief die kleine Katze herunter und sprang wieder einen Baum weiter; „horch nur, wie sie schnarchen!" - „Junge", sagte der gute alte Mond, „hast du noch nicht genug?" - „Nein", schrie Häwelmann, „mehr, mehr! Leuchte, alter Mond, leuchte!" Und dann blies er die Backen auf, und der gute alte Mond leuchtete; und so fuhren

sie zum Walde hinaus und dann über die Heide bis ans Ende der Welt und dann gerade in den Himmel hinein.
Hier war es lustig; alle Sterne waren wach und hatten die Augen auf und funkelten, daß der ganze Himmel blitzte. „Platz da", schrie Häwelmann und fuhr in den hellen Haufen hinein, daß die Sterne links und rechts vor Angst vom Himmel fielen. „Junge", sagte der gute alte Mond, „hast du noch nicht genug?" - „Nein", schrie der kleine Häwelmann, „mehr, mehr!" Und - hast du nicht gesehen - fuhr er dem guten alten Mond quer über die Nase, daß er ganz dunkelbraun im Gesicht wurde. „Pfui!" sagte der Mond und nieste dreimal. „Alles mit Maßen!" und damit putzte er seine Laterne aus, und alle Sterne machten die Augen zu. Da wurde es im ganzen Himmel auf einmal so dunkel, daß man es ordentlich mit Händen greifen konnte. „Leuchte, alter Mond, leuchte!" schrie Häwelmann, aber der Mond war nirgends zu sehen und auch die Sterne nicht; sie waren schon alle zu Bett gegangen. Da fürchtete der kleine Häwelmann sich sehr, weil er so allein im Himmel war. Er nahm seine Hemdzipfelchen in die Hände und blies die Backen auf; aber er wußte weder aus noch ein, er fuhr kreuz und quer, hin und her, und niemand sah ihn fahren, weder die Menschen noch die Tiere noch auch die lieben Sterne.
Da guckte endlich unten, ganz unten am Himmelsrande ein rotes rundes Gesicht zu ihm herauf, und der kleine Häwelmann meinte, der Mond sei wieder aufgegangen. „Leuchte, alter Mond, leuchte!" rief er, und dann blies er wieder die Backen auf und fuhr quer durch den ganzen Himmel und gerade darauf los. Es war aber die Sonne, die gerade aus dem Meere heraufkam. „Junge", rief sie und sah ihm mit ihren glühenden Augen ins Gesicht, „was machst du hier in meinem Himmel?" Und eins, zwei, drei! nahm sie den kleinen Häwelmann und warf ihn mitten in das große Wasser. Da konnte er schwimmen lernen.
Und dann?
Ja, und dann? Weißt du nicht mehr? Wenn ich und du nicht gekommen wären und den kleinen Häwelmann in unser Boot genommen hätten, so hätte er doch leicht ertrinken können!

Theodor Storm

Die Prinzessin auf der Erbse

Es war einmal ein Prinz, der wollte eine Prinzessin heiraten, aber es sollte eine wirkliche Prinzessin sein. Da reiste er in der ganzen Welt herum, um eine solche zu suchen, aber überall war etwas im Wege. Prinzessinnen gab es genug, aber ob es wirkliche Prinzessinnen waren, konnte er nicht herausfinden. Immer war etwas, was nicht so ganz in Ordnung war. Da kam er denn wieder nach Hause und war ganz traurig, denn er wollte doch so gerne eine wirkliche Prinzessin haben.
Eines Abends zog ein schreckliches Gewitter auf; es blitzte und donnerte, der Regen strömte herunter, es war ganz entsetzlich! Da klopfte es an das Schloßtor, und der alte König ging hin, um aufzumachen.
Es war eine Prinzessin, die draußen vor dem Tore stand. Aber, o Gott! Wie sah die von dem Regen und dem bösen Wetter aus! Das Wasser lief ihr von den Haaren und Kleidern herunter; es lief in die Schnäbel der Schuhe hinein und an den Hacken wieder heraus. Und doch sagte sie, daß sie eine wirkliche Prinzessin sei.
Ja, das werden wir schon erfahren! dachte die alte Königin. Aber sie sagte nichts, ging in die Schlafkammer hinein, nahm alle Betten ab und legte eine Erbse auf den Boden der Bettstelle; darauf nahm sie zwanzig Matratzen und legte sie auf die Erbse und dann noch zwanzig Eiderdaunendecken über die Matratzen. Da mußte nun die Prinzessin die ganze Nacht liegen. Am Morgen wurde sie gefragt, wie sie geschlafen habe.
„Oh, schrecklich schlecht!" sagte die Prinzessin. „Ich habe meine Augen fast die ganze Nacht nicht geschlossen! Gott weiß, was da im Bett gewesen ist! Ich habe auf etwas Hartem gelegen, so daß ich ganz braun und blau an meinem ganzen Körper bin! Es ist ganz entsetzlich!"

Nun sahen sie ein, daß sie eine wirkliche Prinzessin war, da sie durch die zwanzig Matratzen und die zwanzig Eiderdaunendecken hindurch die Erbse gespürt hatte. So empfindlich konnte niemand sein als eine wirkliche Prinzessin.
Da nahm der Prinz sie zur Frau, denn nun wußte er, daß er eine wirkliche Prinzessin besitzt; und die Erbse kam auf die Kunstkammer, wo sie noch zu sehen ist, wenn niemand sie gestohlen hat.
Sie, das war eine wahre Geschichte.

Hans Christian Andersen

Valerie und die Gute-Nacht-Schaukel

Valerie,
die will nie
abends in ihr Bett.
Will noch plaudern, will noch singen,
will noch auf und nieder schwingen
auf dem Schaukelbrett.

Papa reibt
die nassen Locken
mit dem großen
Handtuch trocken,
macht aus Valerie
geschwind
- eins, zwei, drei -
ein Turbankind.
„Turbankind,
sei so nett,
geh ins Bett!"

Turbankind
ist nicht so nett,
will noch lange nicht
ins Bett.
Will noch plaudern,
will noch singen,
will noch
auf der
Schaukel schwingen.
„Papa,
gib mir einen Schubs!
Papa,
gib mir einen Stups!"

Und die Valerie fliegt
- schwupps! -
in das Bild
dort an der Wand,
in das Bild
vom Turbanland.

Turbanland
ist laut und groß.
Auf den Gassen
und Terrassen
und den Straßen
ist was los.
Händler schreien
um die Wette,
und sie preisen
ihre Ware.
Läden nennt man hier:
Basare
und die Türme:
Minarette.
Seltsam riecht's
nach vielen Düften,
und hoch droben
in den Lüften
sieht man
Turbanleute fliegen,
die auf einem
Teppich liegen.
Manche winken,
manche grüßen,
manche schlenkern
mit den Füßen
lustig
übern Teppichrand.
Turbanland
ist interessant.

Unterdessen
sind die Locken
von der Valerie
fast trocken.
„Papa,
nimm den Turban ab,
weil ich
keine Lust mehr hab.
Mein Kamel
hat mich gebissen,
hat mich beinah
abgeschmissen,
und weil ich
ihm böse bin,
will ich jetzt
woanders hin.
Also, Papa,
sei so gut,
gib mir meinen
Seemannshut -
und dann bin ich,
rat mal, wer?
Seemann
auf dem weiten Meer.
Schau,
da kommt er schon,
mein Kahn,
kommt
mitsamt dem Ozean.
Gleich geht's los,
wie ich mich freu'!
Grüß dich, Papa!
Schiff ahoi!"

MAX

Plötzlich steht
ein Langhals da:
"Valerie und Valera,
ich bin
ein Girafferich,
aus dem Zirkus
komme ich,
und ich heiße
Hans-Heinz Hektor.
Valerie,
wir bitten dich,
komm zu uns
als Frau Direktor!"
Und was tut die Valerie?
Ihren Vater bittet sie:
"Lieber Papa, sei so gut,
gib mir
den Zylinderhut.
Bitte laß mich
mit dem Hektor
in den Zirkus
als Direktor.
Und ist dann
der Zirkus aus,
komme ich
sofort nach Haus!
Bitte, Papa,
glaub es mir!
Bitte,
und erlaub es mir!"

Erst klingt
ein Trompetenstoß,
dann geht's los!
Valerie,
die Frau Direktor,
zwischen Jumbo
und dem Hektor
läßt die Tiere
galoppieren
und sie
auf dem Seil
spazieren,
läßt die Bären
aufmarschieren
und mit Bällen
rumjonglieren.

Doch dann wird
die Valerie
plötzlich müde
wie noch nie,
kann auf einmal
kaum mehr stehen,
alles fängt sich an
zu drehen:
Tiere,
Clowns und Publikum
wirbeln
rund um sie herum.
Schwindlig wird's
der Valerie.
„Hilfe, Papa!"
flüstert sie.
„Bitte bring mich,
sei so nett,
schnell ins Bett!"

Papa hat sie selbstverständlich
schleunigst in ihr Bett gebracht,
und er seufzt ganz leis: „Na, endlich!
Valeriechen, gute Nacht!"

Mira Lobe

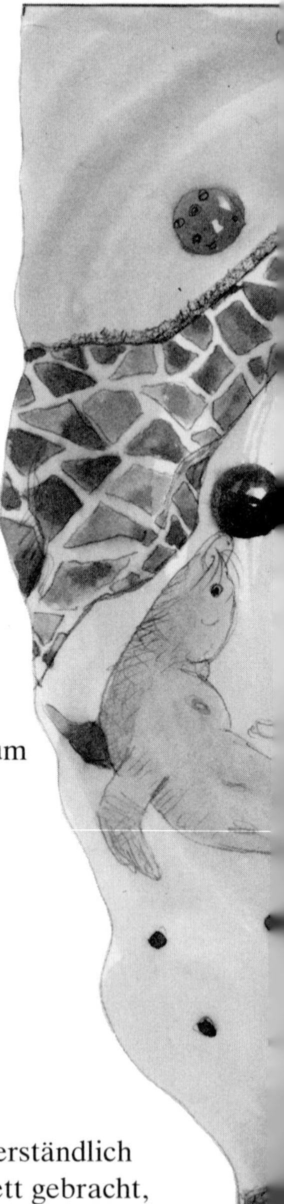

Das Einschlafmärchen

Jemand hat mir dieses Märchen erzählt: Es war einmal ein junger Schäfer, der hütete tausend Schafe. Eines Tages setzte sich ein kleiner Vogel zu ihm. Der sagte: „Schäfer, willst du dein Glück machen?"
„Und ob", sagte der Schäfer, „wer will das nicht?"
„Dann komm mit all deinen Schafen hinter mir her," sagte der kleine goldene Vogel und flog voraus.
Der Schäfer trieb die tausend Schafe hinter ihm her. Er trieb sie über die Wiesen und durch die Wälder, über die Berge und durch das Tal. Endlich sah er in der Ferne ein wunderschönes Schloß.
Der Schäfer dachte: Vielleicht werde ich dort mein Glück machen.
Er trieb die tausend Schafe zur Eile an; denn er war sehr neugierig, was ihn in dem wunderschönen Schloß erwartete. Doch vorher mußte er einen Fluß überqueren. Am Ufer lag ein kleines Boot. In das gingen nur der Schäfer und ein einziges Schaf.

„Muß ich wirklich alle Schafe mitbringen?" fragte der Schäfer. „Alle", sagte der kleine goldene Vogel. Da hob der Schäfer das erste Schaf ins Boot und ruderte mit ihm über den Fluß. Er ließ es aussteigen und ruderte zurück. Dann hob er das zweite Schaf ins Boot und ruderte mit ihm über den Fluß. Er ließ es aussteigen und ruderte zurück. Dann hob er das dritte Schaf ins Boot und ruderte mit ihm über den Fluß. Er ließ es aussteigen und ruderte zurück. Dann hob er das vierte Schaf ins Boot und ruderte mit ihm über den Fluß. Er ließ es aussteigen und ruderte zurück. Dann hob er das fünfte Schaf ins Boot und ruderte mit ihm über den Fluß. Er ließ es aussteigen und ruderte zurück. Dann hob er das sechste Schaf ins Boot und ruderte mit ihm über den Fluß. Er ließ es aussteigen und ruderte zurück. Dann hob er das siebente Schaf ins Boot und ruderte mit ihm über den Fluß. Er ließ es aussteigen und ruderte zurück. Dann hob er das achte Schaf ins Boot und ruderte mit ihm über den Fluß. Er ließ es aussteigen und ruderte zurück. Dann hob er das neunte Schaf ins Boot und ruderte mit ihm über den Fluß. Er ließ es aussteigen und ruderte zurück. Dann hob er das zehnte Schaf ins Boot und ruderte mit ihm über den Fluß.
Er ließ es aussteigen und ruderte zurück. Dann hob er das elfte Schaf ...
Leider weiß ich nicht, wie es weitergeht. Ich habe das Märchen nicht zu Ende gehört. Ich bin vorher eingeschlafen.

Margret Rettich

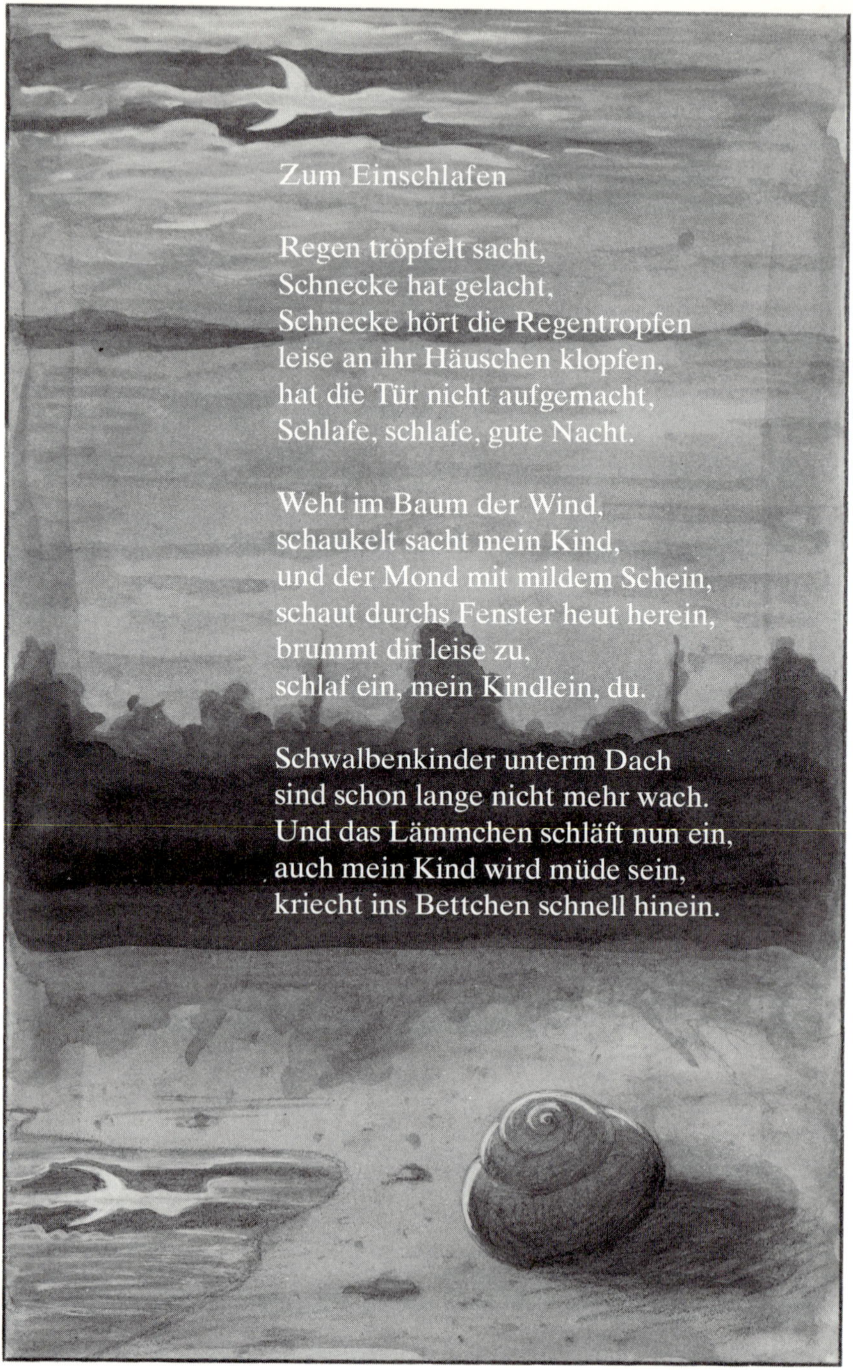

Zum Einschlafen

Regen tröpfelt sacht,
Schnecke hat gelacht,
Schnecke hört die Regentropfen
leise an ihr Häuschen klopfen,
hat die Tür nicht aufgemacht,
Schlafe, schlafe, gute Nacht.

Weht im Baum der Wind,
schaukelt sacht mein Kind,
und der Mond mit mildem Schein,
schaut durchs Fenster heut herein,
brummt dir leise zu,
schlaf ein, mein Kindlein, du.

Schwalbenkinder unterm Dach
sind schon lange nicht mehr wach.
Und das Lämmchen schläft nun ein,
auch mein Kind wird müde sein,
kriecht ins Bettchen schnell hinein.

Was das Schmuseschaf vor dem Einschlafen flüstert

Ich bin das weiße Schmuseschaf,
komm, kuschel dich heran.
Die Wolle ist so flockig weich,
daß ich dich wärmen kann.

Die Augen hab ich schon halb zu,
nun schläfst auch du bald ein.
Und durch das Sternenfenster scheint
der Mond zu uns herein.

Es träumen Spatz und Amselkind
in unserem Apfelbaum,
der Teddy, Miez und du und ich
den allerschönsten Traum.

Vor dem Einschlafen

An der Wand, an der Wand
hängt ein bunter Hampelmann,
hat sich so lang müd gehampelt,
daß er nicht mehr strampeln kann.

Auf dem Bord, auf dem Bord
sitzt die Spielmaus Wackelschwanz,
ist den ganzen Tag gesprungen,
aus ist's mit dem Mäusetanz.

Auf dem Bett, auf dem Bett
kuschelt sich das Schmuseschaf.
Und wir streicheln ihm den Rücken,
schlaf nun ein, mein Schäfchen, schlaf.

Unterm Tisch, unterm Tisch
Kasper streckt die Beine aus,
und ich leg ihn zur Prinzessin
in das bunte Kasperhaus.

Auf dem Stuhl, auf dem Stuhl
hockt der Hase Wackelohr,
hat sich schon ganz müd gehoppelt,
streckt nicht mehr die Nase vor.

Und der Mond, und der Mond
hoch am Himmel steht.
Liegt das Kind noch nicht im Bette?
Dabei ist es schon so spät.

Stern an Stern, Stern an Stern
ziehen ihre Bahn.
In die Kissen reingekuschelt,
daß der Sandmann kommen kann.

Augen zu, Augen zu
flüstert's in den Bäumen.
Wer jetzt brav im Bette liegt,
träumt bald in seinen schönsten Träumen.

Gutenacht-Geschichte von den Zahlen

Ein Junge konnte eines Abends nicht einschlafen. Dreimal hatte er schon bis 100 gezählt, weil sein Vater ihm gesagt hatte, daß dies ein gutes Mittel sei, um einzuschlafen. Eigentlich war er furchtbar müde, aber der Schlaf wollte und wollte nicht kommen. Plötzlich mußte er an seinen Teddybär denken. Ob man den wohl im Mondschein in der Spielecke sehen konnte? Der Junge öffnete seine Augen ein kleines bißchen und guckte dorthin, wo der Teddybär sitzen mußte. Aber wie groß war sein Erstaunen, als er eine kleine Gestalt auf einem Mondstrahl durch den Spalt zwischen den

Gardinen ins Zimmer rutschen sah. Erst dachte er, es wäre das kleine Mädchen. mit dem er immer spielte, denn das hatte genauso einen roten Haarwuschel mit einer blauen Schleife darin.
Aber als er näher hinsah, merkte er, daß es eine Null war, eine richtige Null aus dem Rechenbuch, die sich rasch in eine Zimmerecke drückte.
Gerade wollte der Junge sich aufrichten, um zu schauen, was die kleine Null dort tue, als es auf dem Mondstrahl lebendig wurde, und - Wunder über Wunder - es kamen die Eins und die Zwei und alle Zahlen bis zur Neun auf dem Mondstrahl wie auf einer Rutschbahn in sein Zimmer gefahren, und als sie alle drin waren, versammelten sie sich vor seinem Bett und beratschlagten, was sie miteinander spielen sollten. Sie einigten sich auf „Räuber und Prinzessin". Die dicke Sechs mußte ihren runden Rücken noch ein wenig krummer machen, und die Fünf zählte, indem sie mit ihrem spitzen Finger jedesmal auf den Rücken der Sechs klopfte, die Räuber und die Prinzessin aus. Nun gab es ein Gelache und Gejohle. Besonders die Drei machte lauter Unsinn und quiekte immer dazwischen, so daß man oft gar nicht verstehen konnte, was die Sechs gesagt hatte.
Nur die Neun war ruhig und artig. Sie war ein freundliches Mädchen mit einem langen blonden Zopf. Plötzlich aber, als die Vier Prinzessin werden sollte, gab es Streit. Sie wurde ganz böse und ging gleich mit ihrem langen hölzernen Schwert auf die Sechs los. Aber die Zwei beruhigte die beiden, indem sie mit der Vier tauschte, denn sie mit ihrer langen Seidenschleppe mochte nun wieder kein Räuber sein.
Als alle Räuber und Prinzessinnen eingeteilt waren, trat schüchtern die kleine Null aus ihrer Ecke hervor und fragte, ob sie nicht auch mitspielen dürfe. Die Sechs wollte sich darüber vor Lachen ausschütten, und die böse Sieben schwang gleich ihr Peitschchen, um sie zu verjagen.
Da trat die gute dicke Acht hervor, nahm die Null an die Hand und die Eins an die andere und sagte zu der Eins: „Nimm du die kleine Null unter deinen Schutz. Allein ist sie nichts, aber wenn ihr beide schön zusammenhaltet, dann seid ihr schon was wert, dann seid ihr ja eine Zehn."

Nun fingen die Zahlen mit ihrem Räuber- und Prinzessin-Spiel an. Die Räuber verzogen sich in eine Ecke und warteten, während die Prinzessinnen sich versteckten. Schwupp - waren die Eins und die Null schon zu dem Jungen ins Bett gesprungen und verkrochen sich unter seinem Kopfkissen. Ganz still wurde es im Zimmer, und auch der Mondstrahl erlosch. Der Junge riß die Augen weit auf,

um nurja alles ganz genau beobachten zu können. Aber da hopste die Acht auf sein Bett, setzte sich auf seine Nase und legte ihre beiden dicken Kringel gerade auf seine beiden Augen. Da schlief er - eins, zwei, drei - ganz schnell und fest ein und sah nicht mehr, wie die Zahlen miteinander Räuber und Prinzessin spielten.

Kapitel 2

Mit Wolkensegeln schwimmt der Mond
Von der Nacht, vom Mond und den Sternen

Liebe Eltern!

Was können wir Erwachsenen tun, um dem Kind zu helfen, den richtigen Rhythmus zwischen aktivem Wachsein und erquickendem Schlaf zu finden?
Für Kinder ist es noch wichtiger als für uns, in den Tagesablauf „Struktur" zu bringen. Ein Erwachsener kann sein Mittagessen leicht um eine Stunde verschieben, für ein Kind kann das schon eine „Affäre" sein. Falsch verstanden wäre diese Erkenntnis aber, wenn man daraus einen Zwang machte. Denn: Erst wenn es normal ist, daß wir abends um 18 Uhr essen, macht es Sinn, die Mahlzeit zu verschieben, weil es gerade so spannend beim Memory-Spielen ist oder weil Hoppehoppereiter eben noch ein bißchen ausgedehnt werden muß.
Das Geheimnis von Zufriedenheit heißt: Flexibilität. Und sie setzt eben Regeln voraus.
Es kommt noch etwas Wichtiges hinzu: Der berühmte sowjetische Pädagoge Anton S. Makarenko nannte es Perspektiven. Er meinte damit, daß wir immer etwas brauchen, auf das wir uns freuen können. Und zwar langfristig, mittelfristig und täglich. Das kann der Spaziergang am Nachmittag oder das gemeinsame Ansehen der Sendung mit der Maus sein. Wichtig: Es wird mehrfach ins Bewußtsein gehoben. Schon beim Frühstück reden wir darüber. Und später wird es noch öfter erwähnt.
Und dann das Unvorhergesehene. Macht es Sie oft fassungslos? Dann erinnern Sie sich am Abend daran und sehen Sie es Ihrem Kind nach, wenn noch etwas in ihm nachzittert.
Beim Vorlesen werden auch Sie sicher ruhig, und irgendwann gleitet Ihr Kind friedlich ins Schlummerland.

Schöne Reise!
Ihr Horst Speichert

Der Stern der kleinen schwarzen Hunde

Tief im All, der Erde fern,
Gibt es einen kleinen Stern.
Ihn bewohnen mollig-runde
Nette kleine schwarze Hunde.
Hundemann und Hundefrau.
Wau.

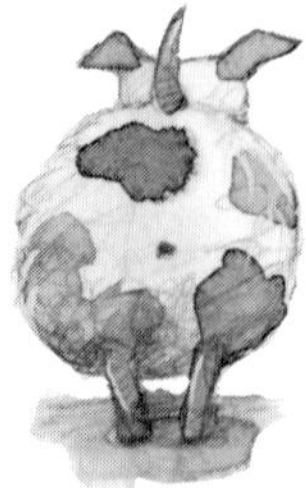

Um die Schnauze, vorn herum,
Sind die schwarzen Hündchen stumm.
Dafür aber hörst du jeden
Mit dem Hinterteilchen reden,
Hundedirn und Hundebub.
Pup.

Weder Fisch, noch Fleisch, noch Kraut
Wird auf diesem Stern verdaut.
Niemand ist darauf versessen;
Den sie alle, alle essen,
Hundegreis und Hundekind,
Wind.

Dieser Wind macht sie so drall,
Rund und prall wie einen Ball.
Gibt es aber mal kein Wündchen,
Werden sie ganz dünn, die Hündchen,
Hundehals und Hundebauch
Auch.

Doch die meiste Zeit im Jahr
Zaust ein Wind ihr Hundehaar.
Dann schluckt jeder mit Vergnügen
Wind, um einen Wanst zu kriegen,
Hunde-Paul und Hunde-Puck.
Schluck.

Mit dem Winde, gern verschlockt,
Wenn man froh zusammenhockt,
Plaudern sie dann manches Weilchen
Und versprühn durch Hinterteilchen
Hunde-Ruth und Hunde-Fritz,
Witz.

Mancher, ach so kluge Hund,
Der mit seinem Hundemund
Ledern spricht und pergaminten,
Merke, daß auch hübsch von hinten
Hundewitz und Hundegeist
Beißt.

Immer noch, der Erde fern,
Dreht und dreht der kleine Stern
Still sein Ründchen, Stünd- um Stündchen,
Und es reden alle Hündchen,
Hunde-Mann und -Frau und -Kind,
Wind.

James Krüss

Jana und der kleine Stern

Es war einmal ein kleines Mädchen, das hieß Jana. Und es war einmal ein kleiner Stern, der hatte keinen Namen. Jeden Abend, wenn das Mädchen schlafen ging, blickte er durch ihr Fenster. Und sie sagte: „Gute Nacht, kleiner Stern." Und er zwinkerte ihr zu. Einmal aber, als alles schlief, wurde Jana wach, und der kleine Stern saß auf ihrem Bett.
„Was machst du hier, kleiner Stern?" fragte sie.
„Oh", sagte er, „ich habe mich zu weit aus meinem Fenster gelehnt, um dich sehen zu können, und da bin ich hinuntergefallen, geradewegs in dein Zimmer."
„Das ist fein", sagte das kleine Mädchen, „jetzt bleibst du immer bei mir."
Und sie wollte ihn nehmen und unter ihre Bettdecke legen, denn er zitterte gar schrecklich.
„Nein, nein," rief da der kleine Stern, „heute nacht noch muß ich wieder hinauf, denn wenn der Tag kommt und ich noch hier bin, werde ich blind."
Es half nicht, daß das kleine Mädchen traurig wurde. Der kleine Stern setzte sich aufs Fensterbrett und sprang ein Stückchen in die Höh', denn er wollte zurück an den dunklen Himmel fallen. Aber sosehr er auch alle seine Kräfte anstrengte, er fiel immer wieder auf das Fensterbrett zurück. Und schließlich war er so schwach und müde, daß er da kauern blieb und zu weinen begann. „Weine nicht, kleiner Stern", rief da Jana und sprang aus dem Bett.
Sie nahm den kleinen Stern in beide Hände. „Ich werde dich jetzt hochwerfen", sagte sie. „Paß auf."
Und sie warf ihn hoch, so hoch sie nur konnte.
„Jetzt fliegst du", rief sie. „Fall nicht wieder herunter, kleiner Stern."
Aber schon saß er wieder auf dem Fensterbrett.
„Noch einmal", sagte Jana.
„Ja, noch einmal", sagte der kleine Stern.

Und das kleine Mädchen versuchte es ein zweites Mal, und wieder und wieder, bis auch sie sich erschöpft auf ihr Bett setzte.
Sosehr weinte der kleine Stern, daß die Tränen ihn blaß machten.
„Laß uns nachdenken", sagte Jana.
Und sie dachte nach.
„Ich hab's", rief sie. „Wir laufen zur Meise." Sie nahm den kleinen Stern unter ihren Arm und lief mit ihm zur Meise im Garten.
„Meise", rief sie.
„Warum weckst du mich, Jana?" sagte die Meise.
„Hier ist der kleine Stern", sagte Jana. „Er hat sich zu weit aus seinem Fenster gebeugt, um mich zu sehen, und da ist er zu mir heruntergefallen, geradewegs in mein Zimmer. Und nun muß er wieder hinauf, denn er wird blind, wenn der Tag kommt und er noch hier ist. Flieg mit ihm hinauf."
„Das kann ich nicht", sagte die Meise. „Ich bin zu schwach. Geh zur Lerche auf dem Feld."
Und Jana nahm den kleinen Stern unter ihren Arm und lief mit ihm zur Lerche auf dem Feld.
„Lerche", rief sie.
„Warum weckst du mich, Jana?" sagte die Lerche.
„Hier ist der kleine Stern", sagte Jana. „Er hat sich zu weit aus seinem Fenster gebeugt, um mich zu sehen, und da ist er zu mir heruntergefallen, geradewegs in mein Zimmer. Und nun muß er wieder hinauf, denn er wird blind, wenn der Tag kommt und er noch hier ist. Flieg mit ihm hinauf."
„Das kann ich nicht", sagte die Lerche. „Ich bin zu schwach. Geh zum Adler auf dem Fels."
Und Jana nahm den kleinen Stern unter ihren Arm und lief mit ihm zum Adler auf dem Fels.
„Adler", rief sie.
„Warum weckst du mich, Jana?" sagte der Adler.
„Hier ist der kleine Stern", sagte Jana. „Er hat sich zu weit aus seinem Fenster gebeugt, um mich zu sehen, und da ist er heruntergefallen, geradewegs in mein Zimmer. Und nun muß er wieder hinauf, denn er wird blind, wenn der Tag kommt und er noch hier ist. Flieg mit ihm hinauf."

„Das kann ich nicht", sagte der Adler. „Ich bin zu schwach. Geh zum Flieger vor der Stadt."
„Ich bin müde", sagte Jana zum kleinen Stern, „und die Füße tun mir weh. Laß uns ein wenig ausruhen."
„Nein", bat der kleine Stern, „laß uns eilen, der Tag wird gleich aus dem Wasser steigen, und wenn er kommt, werde ich blind." Und Jana nahm den kleinen Stern wieder unter ihren Arm.
„Setzt euch auf meinen Rücken", sagte der Adler. „Ich werde euch zum Flieger vor der Stadt bringen."
Jana und der kleine Stern taten, wie ihnen geheißen, und hielten sich an den Federn des Adlers fest, um während des Fluges nicht hinunterzufallen.
„Hier ist es", sagte der Adler und ließ sich auf die Erde nieder.
„Flieger", rief Jana.
„Warum weckst du mich, Jana?" sagte der Flieger.
„Hier ist der kleine Stern", sagte Jana. „Er hat sich zu weit aus seinem Fenster gebeugt, um mich zu sehen, und da ist er zu mir heruntergefallen, geradewegs in mein Zimmer. Und nun muß er

wieder hinauf, denn er wird blind, wenn der Tag kommt und er noch hier ist. Flieg mit ihm hinauf."

„Das kann ich nicht", sagte der Flieger. „Aber mein Bruder, der Kosmonaut, der hinter der Stadt wohnt und hinterm Feld und hinterm Wald, er kann den kleinen Stern wieder an den dunklen Himmel bringen. Setzt euch in mein Flugzeug. Ich fliege mit euch zu meinem Bruder."

Jana nahm den kleinen Stern und setzte sich mit ihm neben den Flieger.

„Hab Dank, Adler", rief sie.

Und der Flieger flog mit Jana und dem kleinen Stern hinter die Stadt und hinter das Feld und hinter den Wald zu seinem Bruder, dem Kosmonauten. „Hier ist es", sagte der Flieger und ließ das Flugzeug auf die Erde nieder.

„Kosmonaut", rief Jana.

„Warum weckst du mich, Jana?" sagte der Kosmonaut.

„Hier ist der kleine Stern", sagte Jana. „Er hat sich zu weit aus seinem Fenster gebeugt, um mich zu sehen, und da ist er heruntergefallen, geradewegs in mein Zimmer. Und nun muß er wieder hinauf, denn er wird blind, wenn der Tag kommt und er noch hier ist. Flieg mit ihm hinauf."
„Leg dich zu mir in die Rakete, kleiner Stern", sagte der Kosmonaut. „Ich werde dich zurück an den dunklen Himmel bringen."
Und der kleine Stern legte sich neben den Kosmonauten in die Rakete.
„Auf Wiedersehen, Jana", sagte der kleine Stern.
„Hab Dank. Und grüß' die Meise und die Lerche und den Adler. Auf Wiedersehen, Flieger", rief er.
„Auf Wiedersehen, kleiner Stern", rief der Flieger.
„Gib acht, daß du nicht wieder herunterfällst."
Und die Rakete flog hoch an den dunklen Himmel.
Als der Tag schon lange aus dem Wasser gestiegen war und die Sonne Janas Bett wärmte, kam die Mutter ins Zimmer und sagte: „Du willst heute wohl gar nicht wach werden, Jana."
„Laß' mich noch ein wenig schlafen", sagte Jana.
„Der kleine Stern war heute nacht in meinem Zimmer. Ich habe ihn zur Meise getragen und zur Lerche und zum Adler. Der Adler hat uns zum Flieger gebracht und der Flieger zu seinem Bruder, dem Kosmonauten. Denn der kleine Stern wird blind, wenn der Tag kommt und er noch hier ist."
Die Mutter lachte, nahm Jana auf ihre Arme und hob sie aus dem Bett.

Werner Heiduczek

Goldtöchterchen

Vor dem Tor, gleich an der Wiese, stand ein Haus, darin wohnten zwei Leute, die hatten nur ein einziges Kind, ein ganz kleines Mädchen. Das nannten sie Goldtöchterchen. Es war ein liebes, kregles, kleines Ding; flink wie ein Wiesel. Eines Morgens geht die Mutter früh in die Küche, Milch zu holen; da steigt das Ding aus dem Bett und stellt sich im Hemdchen in die Haustüre. Nun war ein wunderlicher Sommermorgen, und wie es so in der Haustüre steht, denkt es: Vielleicht regnet's morgen: Da ist's besser, du gehst heute spazieren. Wie's so denkt, geht's auch schon; läuft hinters Haus auf die Wiese und von der Wiese bis an den Busch. Wie's an den Busch kommt, wackeln die Haselbüsche ganz ernsthaft mit den Zweigen und rufen:

„ Nacktfrosch im Hemde,
Was willst du in der Fremde?
Hast kein Schuh' und hast kein Hos'
Hast ein einzig Strümpfel bloß;
Wirst du noch den Strumpf verlieren,
Mußt du dir ein Bein erfrieren.
Geh' nur wieder heime;
Mach' dich auf die Beine!"

Aber es hört nicht, sondern läuft in den Busch, und wie es durch den Busch ist, kommt es an den Teich. Da steht die Ente am Ufer mit einer vollen Mandel Junger, alle goldgelb, wie die Eidotter, und fängt entsetzlich an zu schnattern; dann läuft sie Goldtöchterchen entgegen, sperrt den Schnabel weit auf und tut, als wenn sie es fressen wollte. Aber Goldtöchterchen fürchtet sich nicht, geht weiter darauf los und sagt:

„Ente, du Schnatterlieschen,
Halt' doch den Schnabel und schweig ein bißchen!"
„Ach", sagte die Ente, „du bist's, Goldtöchterchen! Ich hatte dich ja gar nicht erkannt; nimm's nur nicht übel! Nein, du tust uns nicht übel! Wie geht es denn deinem Herrn Vater und deiner Frau Mutter? Das ist ja recht schön, daß du uns einmal besuchst. Das ist ja eine große Ehre für uns. Da bist du wohl recht früh aufgestanden? Also, du willst dir wohl auch einmal unsern Teich besehen: Eine recht schöne Gegend! Nicht wahr?"
Wie sie ausgeschnattert hat, fragt Goldtöchterchen: „Sag einmal, Ente, wo hast du denn die vielen kleinen Kanarienvögel her?"
„Kanarienvögel?" wiederholte die Ente, „ich bitte dich, es sind ja bloß meine Jungen."
„Aber sie singen ja so fein und haben keine Federn, sondern bloß Haare! Was bekommen denn deine kleinen Kanarienvögel zu essen?"
„Die trinken klares Wasser und essen feinen Sand."
„Davon können sie ja aber unmöglich wachsen."
„Doch, doch", sagte die Ente, „der liebe Gott segnet's ihnen; und dann ist auch zuweilen im Sand ein Würzelchen und im Wasser ein Wurm oder eine Schnecke."
„Habt ihr denn keine Brücke?" fragte dann weiter Goldtöchterchen. „Nein", sagte die Ente, „eine Brücke haben wir nun allerdings leider nicht. Wenn du aber über den Teich willst, will ich dich gern hinüberfahren."
Darauf geht die Ente ins Wasser, bricht ein großes Wasserrosenblatt ab, setzt Goldtöchterchen darauf, nimmt den langen Stengel in den Schnabel und fährt Goldtöchterchen hinüber. Und die kleinen Entchen schwimmen munter nebenher.
„Schönen Dank, Ente!" sagt Goldtöchterchen, als es drüben angekommen ist.
„Keine Ursache", sagt die Ente. „Wenn du mich mal wieder brauchst, steh' ich gern zu Diensten. Empfiehl mich deinen Eltern. Schön Adje!"
Auf der anderen Seite des Teiches ist wieder eine große grüne Wiese, auf der geht Goldtöchterchen weiter spazieren. Nicht lange, so sieht es einen Storch. Auf den läuft's gerade zu:
„Guten Morgen, Storch!" sagt's, „was ißt du denn, was so grün-

scheckig aussieht und dabei quakt?" „Zappelsalat!" antwortet der Storch, „Zappelsalat, Goldtöchterchen!"
„Gib mir auch was, ich bin hungrig!"
„Zappelsalat ist nichts für dich", sagt der Storch; geht an den Bach, taucht mit seinem langen Schnabel tief unter und holt erst einen goldenen Becher mit Milch und dann einen Wecken heraus. Darauf hebt er den einen Flügel und läßt eine Zuckertüte herunterfallen. Goldtöchterchen läßt sich's nicht zweimal sagen, sondern setzt sich hin und ißt und trinkt. Wie's satt ist, sagt's: „Ein'n schönen Dank, und gute Gesundheit dein Leben lang!"
Darauf läuft's weiter. Nicht lange, so kommt ein kleiner blauer Schmetterling geflogen. „Kleines Blaues", sagt Goldtöchterchen, „wollen wir uns ein wenig haschen?"
„Ich bin's zufrieden", antwortete der Schmetterling, „aber du darfst mich nicht angreifen, damit nichts abgeht."
Nun haschen sie sich lustig auf der Wiese herum, bis es Abend wird.

Wie es anfängt zu dämmern, setzt sich Goldtöchterchen hin und denkt: Jetzt willst du dich ausruhen; dann gehst du nach Hause. Wie's so sitzt, merkt's, daß die Blumen im Grase auch schon alle müde sind und einschlafen wollen. Das Gänseblümchen nickt ganz schläfrig mit dem Kopfe, richtet sich dann auf, sieht sich mit gläsernen Augen um und dann nickt's noch einmal. Da steht eine weiße Aster daneben - und das war jedenfalls die Mutter - und sagt:

„Gänseblümchen, mein Engelchen,
Fall nicht vom Stengelchen!
Geh zu Bett, mein Kind."

Und duckt sich hin und schläft ein. Dabei verschiebt's das weiße Mützchen, daß ihm die Spitzen gerade über Gesicht fallen. Darauf schläft die Aster auch ein.

Wie Goldtöchterchen sieht, daß alles schläft, fallen ihm die Augen zu. Da liegt es nun auf der Wiese und schläft, und mittlerweile läuft seine Mutter immer noch im ganzen Hause umher und sucht's und

weint. Sie geht in alle Kammern und sieht in alle Winkel, unter alle Betten und unter die Treppe. Dann geht sie auf die Wiese bis an den Busch und durch den Busch bis an den Teich. Über den Teich kann es nicht gekommen sein, denkt sie und geht wieder zurück und durchsucht noch einmal alle Winkel und Ecken und sieht unter alle Betten und unter die Treppe. Wie sie damit fertig ist, geht sie wieder auf die Wiese und wieder in den Busch und wieder bis an den Teich. Das tut sie den ganzen Tag, und je länger sie es tut, desto mehr weint sie. Der Mann aber läuft unterdes in der ganzen Stadt umher und fragt, ob niemand Goldtöchterchen gesehen hat.
Als es aber ganz dunkel geworden war, kam einer von den zwölf Engeln, die jeden Abend über die ganze Welt hinwegfliegen müssen, um nachzusehen, ob sich nicht irgendwo ein kleines Kind verlaufen hat, und es wieder zu seiner Mutter zu bringen, auch auf die grüne Wiese. Als er Goldtöchterchen hier liegen und schlafen sah, hob er es behutsam auf, ohne es zu wecken, flog bis über die Stadt und sah nach, in welchem Hause noch Licht war.
„Das wird wohl das Haus sein, wo's hingehört", sagte er, als er das Haus von Goldtöchterchens Eltern sah, und das Licht im Wohnzimmer brannte immer noch. Heimlich sah er zum Fenster hinein: Da saßen Vater und Mutter sich an dem kleinen Tisch gegenüber und weinten und unter dem Tisch hielten sie sich die Hände. Da öffnete er ganz leise die Haustüre, legte das Kind unter die Treppe und flog fort.
Und die Eltern saßen immer noch am Tisch. Da stand die Frau auf, zündete noch ein Licht an und leuchtete noch einmal in alle Winkel und Ecken und unter die Betten.
„Frau", sagte der Mann traurig, „du hast ja schon so oft vergeblich an alle Winkel und Ecken und unter die Treppe gesehen. Geh' zu Bett! Unser Goldtöchterchen wird wohl in den Teich gefallen und ertrunken sein."
Doch die Frau hörte nicht, sondern ging weiter, und wie sie unter die Treppe leuchtete, lag das Kind da und schlief. Da schrie sie vor Freude so laut auf, daß der Mann eilends die Treppe herabgesprungen kam. Mit dem Kinde auf dem Arm kam sie ihm freudestrahlend entgegen. Es schlief ganz fest, so müde hatte es sich gelaufen.
„Wo war es denn? Wo war es denn?" rief er.

„Unter der Treppe lag's und schlief", erwiderte die Frau, „und ich habe doch heute schon so oft unter die Treppe gesehen."
Da schüttelte der Mann mit dem Kopfe und sagte: „Mit rechten Dingen geht's nicht zu, Mutter; wir wollen nur Gott danken, daß wir unser Goldtöchterchen wiederhaben!"

Richard von Volkmann-Leander

Wenn der Kleine Bär kommt

Bettina hat gerade das Sandmännchen im Fernsehen gesehen. War das lustig, wie das kleine Männchen mit seinem Sternenwagen über den Himmel gebraust ist.
„Und nun schlaft schön, liebe Kinder...," ruft das Sandmännchen zum Schluß.
Aber Bettina ist noch gar nicht müde. „Ich will noch nicht ins Bett gehen!" quengelt sie.
Vater legt die Zeitung aus der Hand. „Auch nicht, wenn ich dich noch mal ein bißchen Huckepack trage?"
„Au fein!" ruft Bettina, „das ist Spitze! Aber erst dreimal im Wohnzimmer herum, dann in die Küche und auf die Terrasse. Vielleicht können wir wieder die Igel schnaufen hören. Und dann wieder in die Küche. Ich hab nämlich noch Durst auf ein Glas Milch!"
„Der große Zeiger steht auf 12, der kleine Zeiger steht zwischen 7 und 8, jetzt wird es wirklich höchste Zeit!" sagt Vater nach einer Weile.
„Papi, nur noch einmal nach dem Sternenhimmel gucken!" bettelt Bettina.
„Zeig' mir doch den Polarstern und den Großen und Kleinen Bären!"
„Die drehen sich bei Tag und Nacht um den Polarstern!" erklärt der Vater. „Bei Tag können wir das nur nicht sehen! So - und nun den Vorhang zugezogen, den Teddy in den Arm, und dann wird eingeschlafen!"
Bettina macht die Augen zu. Aber einschlafen kann sie nicht. Sie sagt alle Zahlen auf, die sie in der Schule gelernt hat. Vielleicht hilft das. Bei 47 weiß sie nicht weiter, außerdem ist das so langweilig.

Vielleicht geht's mit den Buchstaben besser. Die Lehrerin hat doch gerade heute so ein lustiges Buchstabenlied vorgesungen:

A - so fängt der Affe an,

B - der Bär hat's vorne dran...

Brum - brum - macht es plötzlich neben ihr.

Sitzt doch gerade vor ihrem Bett so ein richtiger brauner Bär, viel größer als der Teddy, der guckt sie mit großen Bärenaugen an.

„Brum, brum," macht er, „kannst du auch nicht schlafen? Mir ist es so schrecklich langweilig, in der Nacht die ganze Zeit am Himmel zu wandern. Auf der Milchstraße ist heute auch nichts los. Da spielen sonst die kleinen Sterne immer Sternenfußball. Ich hab' schon versucht, den Großen Bären am Schwanz zu ziehen und ein paar Zacken von den Sternschnuppen aufzufangen. Aber

heute hat keiner Bock, mit mir zu spielen. Und schlafen mag ich erst recht nicht!"

„Das kann ich gut verstehen!" sagt Bettina. „Bleib doch ein bißchen bei mir! Ich hab so viele Spielsachen, und Verstecken können wir auch spielen, wenn wir nicht so laut sind. Sonst kommen meine Eltern, und dann gibt's Schimpfe!"

„Brum!" macht der Schmuseteddy sehr deutlich in Bettinas Bett.

„Nein, Teddy," sagt Bettina energisch, „du hast heute erst mal Pause!

Komm, ich setz dich ganz oben auf das Spielbord! Heut hab' ich einen richtigen Bären hier, das macht mehr Spaß!"

Teddy ist beleidigt, als Bettina ihn mit dem Kopf zur Wand aufs Bord setzt. Aber es hilft nichts. „Für heute bin ich abgemeldet!" brummt er, beinahe rollt ihm eine Teddyträne übers Gesicht.

Aber Bettina und der Kleine Bär merken nichts. Sie spielen erst mal Verstecken.

Der Kleine Bär muß sich die Augen zuhalten und bis zehn zählen. Dann guckt er in die Spielkiste, unters Bett, hinter den Vorhang. Daß Bettina hinter den Bademantel im Kleiderschrank gekrochen ist, das hätte er nicht gedacht.

Als Bettina suchen muß, geht das ganz fix. Der Kleine Bär hat zwar das Laken ganz straff übergezogen und sich flach wie ein Bettvorleger gemacht, als er unter die Bettdecke geschlüpft ist. Aber ein Stück von dem braunen Schwanz hat doch noch hervorgeguckt.

„Nun spielen wir Verkleiden!" ruft Bettina.

Sie hängt dem Kleinen Bären den Schleier von ihrem Faschingskostüm um und setzt oben drauf eine Krone. Dann bindet sie ihm noch ihre goldenen Sternennußketten um.

„Du bist eine richtige Bären-Prinzessin!" sagt sie begeistert.

Als der Kleine Bär vor dem Spiegel steht, findet er sich so schön, daß er die Krone gar nicht mehr absetzen mag. Ganz vorsichtig balanciert er damit zur Spielzeugkiste und hängt Bettina ein großes blaues Tuch um. Dann kippt er die Konfettidose aus und streut viele weiße Konfettiplättchen darüber. Zum Schluß holt er noch eine zweite Krone aus der Kiste. Damit hat Bettina bei der letzten Weihnachtsfeier den König Balthasar gespielt.

„So, jetzt bist du die Prinzessin auf der Milchstraße!" lacht er

begeistert. Und wir machen jetzt einen Tanz für alle Sterne und Monde am Himmel, auch für den Löwen, den Stier, den Schwan, den Adler, den Delphin, die Schlange, den Skorpion, den Wal und den Steinbock!"

„Was, die stehen alle am Himmel?" fragt Bettina ganz erstaunt.

„Noch viel, viel mehr!" lacht der Kleine Bär.

Allmählich wird Bettina ganz müde, so sehr schwenkt der Kleine Bär sie herum. Eigentlich möchte sie jetzt schlafen gehen. Aber der Kleine Bär hat noch lange nicht genug. Ganz vorsichtig setzt er die Krone ab und legt den Schleier und die Ketten weg. „Was hast du da bloß für einen tollen blauen Sternenvorhang vor den Holzleisten?" fragt er.

„Das ist mein Kaspertheater!" gähnt Bettina.

Der Kleine Bär langt ganz vorsichtig mit sanften Pfoten in die Spielkiste. Eine Kasperpuppe nach der anderen hebt er hoch. Am schönsten findet er das Krokodil. „Wie das gähnen kann!" lacht er.

„Ua-ua", sagt Bettina und kriecht unter die Bettdecke.

Als der Kleine Bär nun auch noch den Sandmann herausnimmt, sind ihre Augen schon ganz klein geworden. Sie hört gerade noch, wie der Bär leise brummt: „Schade, Menschenkinder werden ja genauso schnell müde wie Sternenkinder!"
Dann ist sie eingeschlafen.
Am nächsten Morgen steht die Mutter am Bett. „Sag mal, hast du heute nacht Kaspertheater gespielt? Deinem Teddy hat das wohl auch nicht gefallen! Der hat ja den Kopf zur Wand herumgedreht. Und so viel Konfetti liegt hier herum! Da muß ich doch gleich mal mit dem Staubsauger beigehen! Nun aber los, sonst kommst du zu spät zur Schule!"
Mutter geht in die Küche.
Bettina springt aus dem Bett. „Teddy", ruft sie, „bock nicht rum! Du bist doch der Allerbeste! Aber mit dem Kleinen Bären war es so lustig!"

Das Märchen vom Großen Bären

Vor vielen Jahren war eine große Trockenheit auf der Erde. Alle Seen und Flüsse waren eingetrocknet, Bäume, Sträucher und Blumen waren vertrocknet. Menschen und Tiere starben vor Durst. In dieser schlimmen Zeit ging eines Nachts ein Mädchen von Zuhause fort. Es wollte nach Wasser für seine kranke Mutter suchen. Aber wo es auch suchte, überall fand es nur Trockenheit und Staub. Endlich legte sich das Mädchen erschöpft nieder auf das trockene Gras einer verdorrten Wiese und schlief ein. Als es aufwachte und nach seinem Krug greifen wollte um weiterzusuchen, sah es voll Staunen, daß der Krug mit köstlichem frischen Wasser gefüllt war. Es wollte schon trinken, aber da dachte es an seine kranke Mutter, nahm den Krug und lief eilig mit ihm nach Hause. Sie lief und lief und übersah im Gras einen kleinen Hund. Sie stolperte darüber und ließ den Krug fallen. Das Wasser sickerte schnell in die trokkene Erde.
„Oh weh, was bring' ich jetzt der Mutter?" rief sie traurig.
Aber als sie sich nach dem Krug bückte, stand dieser aufrecht da, und kein Tropfen war verschüttet. - Da goß das Mädchen ein paar Schlucke in die hohle Hand, und der kleine Hund leckte es gierig auf. Gleich darauf lief es in fröhlichen Sprüngen davon. -
Als das Mädchen den Krug aufhob, war er nicht mehr aus Holz, sondern aus Silber. Sie lief nach Haus und wollte der Mutter davon zu trinken geben. Aber die kranke Mutter sprach:
„Mein Leben ist nun bald zu Ende, trink du, das Wasser soll dir Kraft geben.

Und sie reichte der Tochter den Krug. Da verwandelte sich der silberne Krug in einen goldenen. Das Mädchen hob ihn zum Mund, um daraus zu trinken, da trat ein armer, ausgemergelter Wanderer ins Zimmer und bat um einen Schluck Wasser. Das Mädchen reichte ihm den Krug. In diesem Augenblick verwandelte sich der Krug erneut und war jetzt mit sieben funkelnden Diamanten besetzt, und aus jedem floß ein Strahl mit frischem Wasser. Die sieben Diamanten stiegen zum Himmel empor. Da stehen sie noch heute. Du kannst sie als Großen Bär oder Goldenen Wagen nachts am Himmel leuchten sehen.
(frei nach einem Märchen von Tolstoi)

Lied vom Mond

Wind, Wind, sause,
der Mond ist nicht zu Hause;
er ist wohl hinter den Berg gegangen,
will vielleicht eine Sternschnuppe fangen,
Wind, Wind sause.

Stern, Stern scheine,
der Mond, der ist noch kleine;
er hat die Sichel in der Hand
er mäht das Gras am Himmelsrand,
Stern, Stern scheine.

Singe, Vogel, singe,
der Mond ist guter Dinge;
er streckt den halben Taler raus,
das sieht blank und lustig aus,
singe, Vogel, singe.

Und hell wird's, immer heller,
der Mond, der hat 'nen Teller
mit allerfeinstem Silbersand,
den streut er übers Meer und Land,
und hell wird's, immer heller.

Paula Dehmel

Was der Mond dem Michael erzählt

Michael kann nicht schlafen. Er hat die Gardine zurückgezogen. „Der Mond sieht aus wie die Scheibe einer großen Apfelsine!" denkt Michael. „Hoffentlich dauert es nicht zu lange, bis er endlich voll ist!"
„Wenn er ganz rund ist, fahren wir in die Ferien!" hat Mutter gesagt. Ans Meer wollen sie reisen. Da kann Michael endlich seine neuen Taucherflossen und die Taucherbrille und die Gummimatratze ausprobieren. „Mach doch schneller, Mond!" brummt Michael.
„Wann bist du endlich rund?"

Er guckt hoch zur Mondscheibe, bis ihm die Augen wehtun. Hat ihm der Mond nicht eben mit einem halben Auge zugeblinzelt? Und hat sich der halbe Mond nicht eben zu einem halben Grinsen verzogen? Michael guckt und guckt.

„Eigentlich könntest du mir mal Antwort geben, wenn ich mit dir rede!" flüstert Michael. „Tu ich ja!" grinst der Mond. „Du mußt mir nur genau zuhören! Hast du gewußt, daß ich immer um die Erde kreise? Das dauert ungefähr 28 Tage. Ich schaue immer mit derselben Seite auf die Erde. Du siehst von mir ein verschieden großes Stück. Das hängt davon ab, auf welcher Seite meiner Laufbahn ich gerade stehe.

Wenn ich selbst leuchten würde, könntest du mich immer kreisrund sehen. Aber ich bekomme mein Licht von der Sonne. Ich leuchte selbst nicht, ich werfe nur ihr Licht zurück. Wenn ich genau zwischen Sonne und Erde stehe, siehst du gar nichts von mir. Dann liegt nämlich der Teil, der der Erde zugewendet ist, im Schatten. Das nennen die Menschen Neumond. In den nächsten Tagen siehst du eine schmale Sichel. Die wird immer breiter. Vierzehn Tage später stehe ich genau hinter der Erde. Das Sonnenlicht kann jetzt voll auf mich fallen. Das nennen die Menschen Vollmond. In den nächsten Tagen wandre ich weiter, und du siehst nur eine kleiner werdende Mondsichel von mir."

„Spannend", flüstert Michael. „Erzähl weiter! Weißt du, wenn du ganz voll bist, dann kann ich manchmal solche komischen Linien und dunkle Flecken auf dir erkennen. Gibt es denn Straßen und Flüsse auf dem Mond?"

Der Mond schmunzelt. „Die Menschen nennen meine Krater „Mondmeere", antwortet er. „Ganz früher haben sie nämlich gedacht, es gäbe Wasser hier oben bei mir. Sie haben meinen dunklen Flecken ganz phantasievolle Namen gegeben: Meer der Heiterkeit, Bucht des Regenbogens, Meer der Stürme. Aber es gibt überhaupt kein Wasser auf mir.

Die Mondmeere sind große Ebenen, die mit grauem Staub bedeckt sind. Um diese Ebenen herum erheben sich hohe Berge, fast so hoch wie der Mount Everest.

Riesige Krater befinden sich dazwischen. Es gibt bei mir kein

Leben, auch keine Luft. Es weht kein Wind, es fällt kein Regen. Du weißt doch, daß 1969 die ersten Menschen zu mir heraufgeflogen sind. Ihre Fußabdrücke können niemals fortgespült oder fortgeweht werden. Die Astronauten mußten schwere Raumanzüge mit Sauerstofftanks tragen. Sonst hätten sie nicht atmen können. Sie wären ohne diese Anzüge erfroren oder verglüht.

Auf der Seite, die der Sonne zugewandt ist, beträgt die Temperatur +120 Grad Celsius, auf der Schattenseite ist es eiskalt -150 Grad Celsius.

Weil die Luft fehlt, gibt es auf dem Mond auch keine Schallwellen. Die Astronauten mußten sich über Sprechfunkanlagen unterhalten."

„Warum sind die Astronauten immer bloß so komisch wie die Känguruhs auf dir herumgehüpft?" fragt Michael. „Ich hab das mal im Fernsehen gesehen!"

„Weil ich eine viel geringere Schwerkraft habe als die Erde!" lacht der Mond.

„Was ist Schwerkraft?" fragt Michael.

„Das ist die Kraft, die die Gegenstände zu Boden zieht!" erklärt der Mond. „Ein Astronaut wiegt mit seinem schweren Anzug auf dem Mond nur 17 Kilogramm, auf der Erde wiegt er ungefähr 100 Kilogramm.

„Toll hast du das erklärt!" lacht Michael. „Du Mond, ich hab noch mehr Fragen. Wenn du ganz voll bist, dann fahren wir an die Nordsee. Vati sagt, da gibt es Ebbe und Flut, und das habe was mit dir zu tun!"

„Ja", sagt der Mond. „Die Sonne und ich, wir ziehen beide das Wasser an wie riesengroße Magnete. Ich stehe viel näher zur Erde als die Sonne. Obwohl ich kleiner und leichter bin, kann ich stärker das Meerwasser anziehen. Die Erde dreht sich einmal um sich selber in 24 Stunden. Das Wasser wird von meiner Kraft angezogen. Darum steigt der Meeresspiegel an der Seite, die mir am nächsten ist, an, und es gibt Flut. Auch auf der entgegengesetzten Seite der Erde gibt es Flut wegen der Fliehkraft der Erdumdrehung. Der Wasserstand zwischen den beiden „Flutbergen" ist geringer; das nennen die Menschen dann Ebbe."

Michael ist ganz wirr im Kopf. „Du Mond, ich werd' jetzt so müde. Ich freu' mich schon auf das Wattlaufen, wenn Ebbe ist. Dann kann ich die vielen kleinen Muscheln und Krebse entdecken, und der Boden matscht dann so schön zwischen den Zehen! Aber nun will ich nichts mehr hören! Laß' mich jetzt endlich schlafen!"

„Tu das!" grinst der Mond. „Und träum' schön von Ebbe und Flut und von deinen Taucherflossen und der Taucherbrille! Schlaf schön, ich paß' auf dich auf!"
Und ein bißchen hat er mit dem linken Auge geblinzelt, der gute alte Mond.

Der Mann im Mond

Der Mann im Mond hängt bunte Träume,
die seine Mondfrau spinnt aus Licht,
allnächtlich in die Abendbäume,
mit seinem Lächeln im Gesicht.

Da gibt es gelbe, rote, grüne
und Träume ganz in Himmelblau.
Mit Gold durchwirkte, zarte, kühne,
für Bub und Mädel, Mann und Frau.

Auch Träume, die auf Reisen führen
in Fernen abenteuerlich.
- Da hängen sie an Silberschnüren!
Und einer davon ist für dich.

Mascha Kaleko

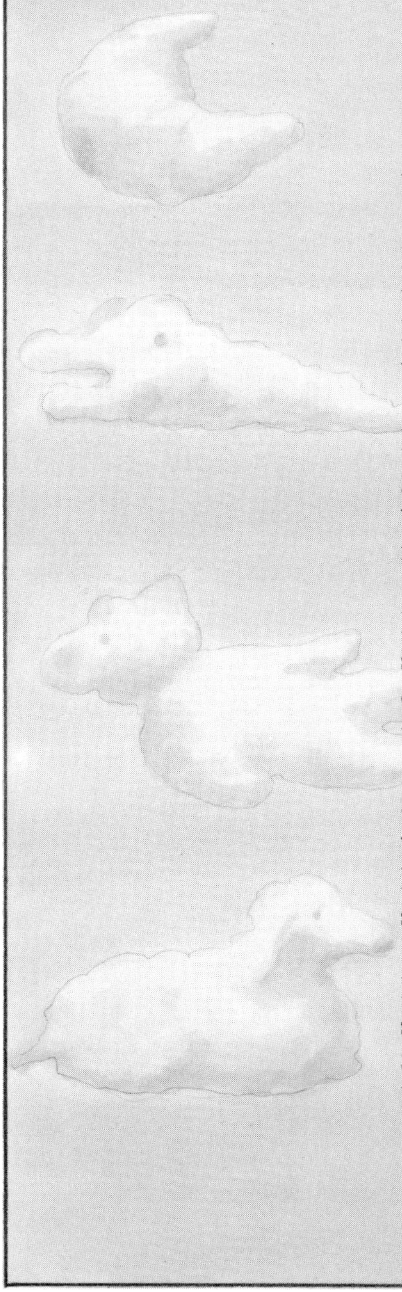

Wolkenlied

Ich guck' in die Wolken,
wie sehn die wohl aus?
Manche haben ein Schwänzchen,
wie 'ne kleine Maus.

Ich seh' eine Wolke,
ganz rosa und weiß
wie win Hörnchen
mit Erdbeer- und Zitroneneis.

Da zieht eine Wolke,
sieht aus wie ein Schaf,
es hat richtige Locken,
und es guckt so brav.

Schau da, eine Wolke
wie ein Teddybär.
Hab' beinah' den Eindruck,
sie kommt zu mir her.

Ich zähl' alle Wolken,
sind's drei oder vier?
Sind es zehn oder hundert?
Komm, sag es mir!

Die Sterntaler

Es war einmal ein kleines Mädchen, dessen Vater und Mutter gestorben waren. Es war so arm, daß es kein Kämmerchen mehr hatte, um darin zu wohnen, und kein Bettchen mehr besaß, in dem es schlafen konnte. Es hatte auch nur die Kleider, die es auf dem Leib trug, und zu essen besaß es nur ein Stückchen Brot, das ihm ein mitleidiger Mensch geschenkt hatte. Doch es war gut und fromm. Weil es von allen verlassen war, zog es im Vertrauen auf den lieben Gott hinaus auf das Feld. Da begegnete ihm ein armer Mann und sprach: „ Ach, gib mir etwas zu essen, ich bin so hungrig!"
Das Mädchen reichte ihm das ganze Brot und sagte:
„Gott segne dir's", und ging danach gleich weiter. Dann kam ein Kind, das jammerte:
„Es friert mich so an meinem Kopf, schenke mir etwas, damit ich ihn bedecken kann!"
Da nahm das Mädchen seine Mütze ab und gab sie ihm. Nach einer Weile kam wieder ein Kind, das hatte kein Leibchen an und fror. Da gab es ihm seins.
Als es weitergegangen war, bat ein anderes Kind um ein Röcklein. Auch das gab es hin. Endlich gelangte es in einen Wald. Es war inzwischen schon dunkel geworden, da begegnete ihm noch ein Kind und bat um ein Hemdlein.
Das fromme Mädchen dachte: „ Es ist so dunkel in der Nacht, da erkennt dich niemand, und du kannst dein Hemd getrost weggeben." Es zog das Hemd aus und verschenkte es auch noch. Als es nun gar nichts mehr hatte, fielen auf einmal die Sterne vom Himmel, und es waren lauter harte, blanke Taler, und obwohl es sein Hemdlein eben weggegeben hatte, trug es doch ein neues, das von allerfeinstem Linnen war. Das Mädchen sammelte die Taler ein und war reich für sein ganzes Leben.

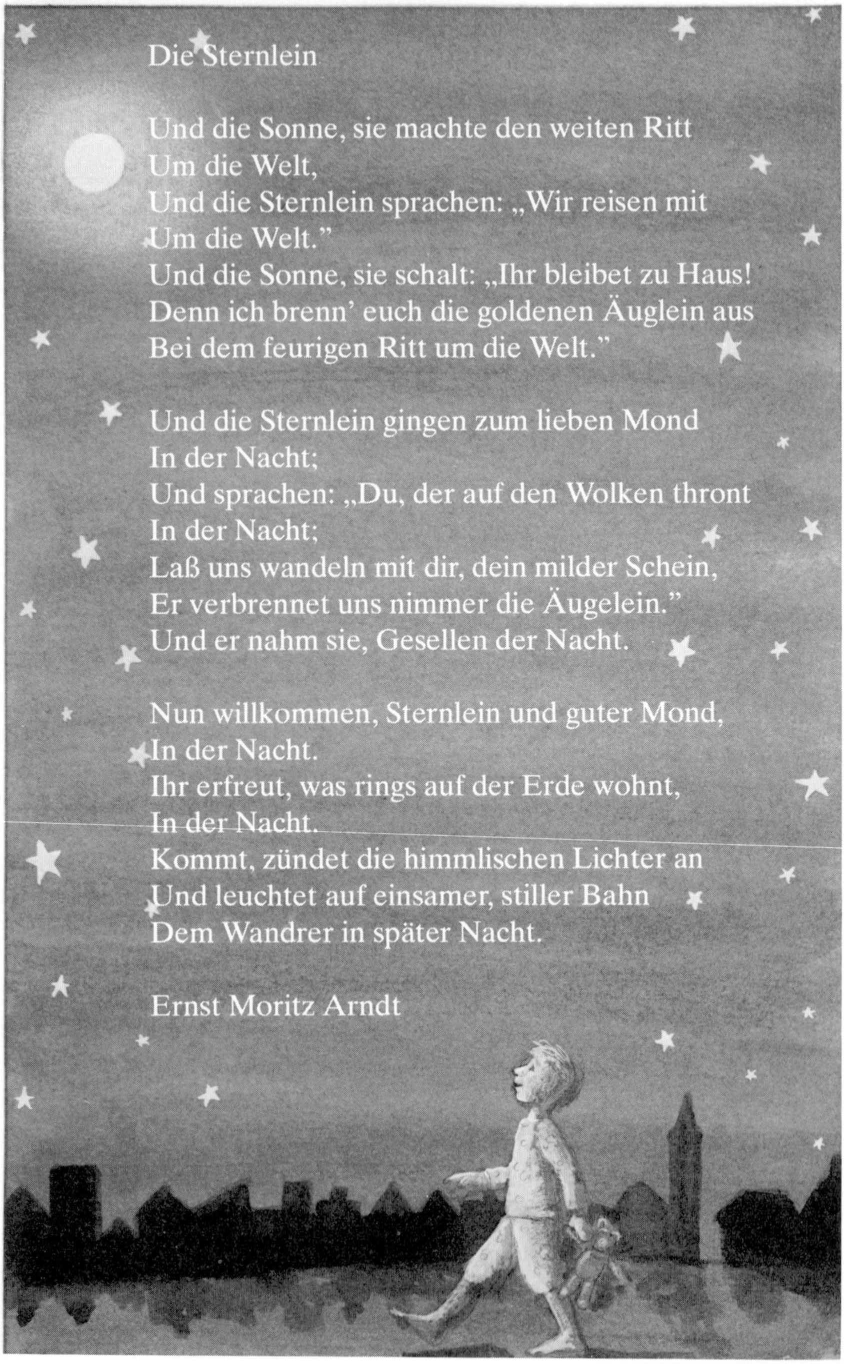

Die Sternlein

Und die Sonne, sie machte den weiten Ritt
Um die Welt,
Und die Sternlein sprachen: „Wir reisen mit
Um die Welt."
Und die Sonne, sie schalt: „Ihr bleibet zu Haus!
Denn ich brenn' euch die goldenen Äuglein aus
Bei dem feurigen Ritt um die Welt."

Und die Sternlein gingen zum lieben Mond
In der Nacht;
Und sprachen: „Du, der auf den Wolken thront
In der Nacht;
Laß uns wandeln mit dir, dein milder Schein,
Er verbrennet uns nimmer die Äugelein."
Und er nahm sie, Gesellen der Nacht.

Nun willkommen, Sternlein und guter Mond,
In der Nacht.
Ihr erfreut, was rings auf der Erde wohnt,
In der Nacht.
Kommt, zündet die himmlischen Lichter an
Und leuchtet auf einsamer, stiller Bahn
Dem Wandrer in später Nacht.

Ernst Moritz Arndt

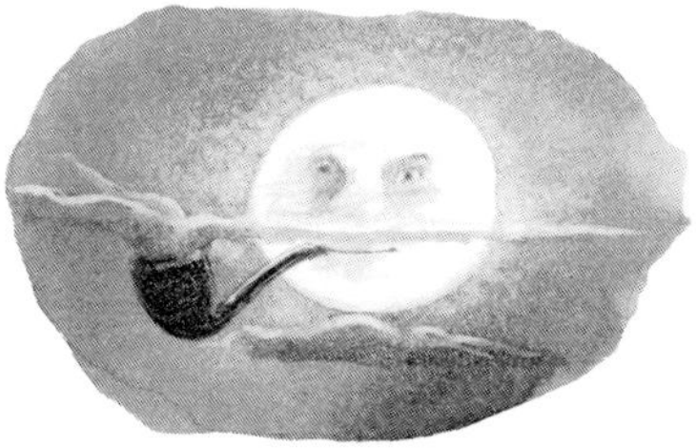

Da nahm der Mond sein Pfeifchen

Der Mond hatte sein Pfeifchen geputzt, frischen Tabak hineingestopft und den Tabak mit einer Sternschnuppe angezündet.
Jetzt setzte er sich auf eine Wolke und segelte über den Himmel. Denn er wollte den Wettermann besuchen.
„Reisen macht Spaß", sagte er zu sich selbst, „es bildet, und man lernt immer wieder etwas Neues dazu!"
Beim Wettermann angekommen, sprang der Mond von seiner Wolke und klopfte an des Wettermanns Tür.
„Ich wünsch' dir einen schönen guten Abend", grüßte er freundlich.
„Heiter bis wolkig!" murmelte der Wettermann.
„Nachtfröste! Kaltfront von Norden! Hitze und Trockenheit!"
„Wie meinst du?"
„Anhaltendes Regenwetter, sonnig und heiß, Gewitterbildung!"
Der Mond stopfte den Tabak in seinem Pfeifchen ein klein wenig fester.
„Du sprichst so wunderlich", staunte er, „ich verstehe kein Wort!"
Der Wettermann sah zerstreut auf seinen Gast. „Unten reden sie so !" erklärte er. „Es ist die Sprache der Wetterleute."
„Wie wird das Wetter morgen?" wollte der Mond wissen.
„Es regnet!"
„Und übermorgen?"
„Auch!"
Der Mond machte ein trauriges Gesicht.
„Nachts wird es klar", sagte der Wettermann, „alle Wolken lösen sich auf."
„Wirklich?" Der Mond war gleich wieder vergnügt.
„Bei klaren Nächten", erzählte er, „kommen die Leute aus ihren Häusern und machen Gedichte auf mich!"
„Gedichte?"

„Jawohl! Und Lieder! Sie singen die Lieder, wenn sie abends unter der Linde sitzen."
Der Wettermann lachte grimmig. „Unter der Linde!" höhnte er. „Sie hocken im Zimmer. Sie starren in den Glotzkasten!"
„Du lügst!"
Gleichmütig klappte der Wettermann sein dickes Buch zusammen. „Wann hast du das letzte Mal hinuntergeschaut?"
Der Mond gab keine Antwort. Er klopfte die Asche aus seinem Pfeifchen, fing sich eine Sternschnuppe und zündete sein Pfeifchen noch einmal an.
„Und die Verliebten?" sagte er. „Sitzen sie nicht mehr im Park und freuen sich über mein mildes, silbriges Licht?"
„Sie gehen ins Kino!"
„Und wenn sie sich trennen müssen? Wenn einer von ihnen fort muß, in eine fremde Stadt?" Der Mond paffte die allerletzten Wölkchen aus seiner Pfeife. „Dann schauen sie sehnsüchtig zu mir hinauf, nicht wahr? Weil sie wissen, daß ihre Blicke sich oben begegnen, oben bei mir!"
Behutsam legte der Wettermann sein Buch zur Seite.
„Azorenhoch!" seufzte er. „Und Islandtief. Es tut mir wirklich leid! Aber die Menschen sind schrecklich. Sie telefonieren, verstehst du. Sie schreiben sich nicht einmal mehr einen Brief!" „Weißt du das genau?"
„Ich weiß es ganz genau."
„Und man kann nichts daran ändern?"
„Nichts!"
Da nahm der Mond sein Pfeifchen, still und betrübt, und ging langsam wieder nach Hause.
Und dachte nicht daran, wie viele, viele Kinder sich freuen, wenn er nachts zu ihnen ins Zimmer schaut.

Walther Hohenester

Kapitel 3

Weißt du, wie die Häschen schlafen?
Vom Schlafen, Träumen und vom Winterschlaf mancher Tiere

Liebe Eltern!

In diesem Brief will ich auf die Frage eingehen, was Ernährung und Unruhe miteinander zu tun haben.
So merkwürdig ist dieser Zusammenhang ja nun nicht, wenn wir etwa an die Unmengen von Kaffee, Tee, Alkohol oder Cola denken, mit denen Erwachsene sich gern aufputschen und dann nicht schlafen können.
Die Erfahrungen der Naturheilkundler und auch der Schulmedizin zeigen noch mehr.
Viele Kinder reagieren auf Nahrungsmittel mit viel Phosphaten, z.B. alle Fleischwurstsorten, Schmelzkäse, Cola, mit erhöhter Nervosität, die in Aggressivität umschlagen kann.
Negativ auf den Organismus wirken auch alle reinen Kohlehydrate, d.h. Fabrikzucker und die hauptsächlich aus Fabrikzucker bestehenden Süßigkeiten, ausgemahlene Mehle und die daraus hergestellten Brote und Brötchen.
Wenn Ihr Kind zu den „nervösen Handtüchern" gehört oder ein Zappelphilipp ist, sollten Sie den Speisezettel überprüfen: Müsli statt Brötchen, Salat statt Tiefkühlgemüse, Vollkorn- statt „Fein"brot (denn da ist gar nichts fein dran!). Wenn es denn Fleisch sein muß: keine Wurstsorten mit Phosphat, sondern am besten rohen Schinken. Der Anteil von Eiweiß an der Ernährung ist in der Regel eh' zu hoch. Und: Kein Süßkram aus dem Supermarkt! Versuchen Sie aber nicht, Ihrem Kind alles Süße madig zu machen. Süß und süß ist lange nicht dasselbe. Im Naturkostladen gibt es z.B. Gummi-Bärchen nur aus Honig.
Eine Cola am Nachmittag jedoch - und das abendliche Einschlafen ist „gelaufen".
Honig dagegen wirkt beruhigend. Das wußte schon Hippokrates und verordnete ihn als Medizin bei Nervosität. Jetzt schwirrt Ihnen vielleicht der Kopf. Dann entspannen Sie erst einmal, bevor Sie sich Ihrem Kind zuwenden. Damit die Ruhe aus Ihnen zum Kind hinüberfließen kann.
Ihr Horst Speichert

P.s. Nicht vergessen: Die körperliche Bewegung und frische Luft gehören unbedingt in jedes Tagesprogramm.
Wie soll sonst der Mensch auch müde werden?

Von den Hamstern im Herbst

Der Hamstervater Backendick,
der hat im Herbst stets großes Glück.
Er trippelt auf das Kornfeld schnell,
stopft voll die Backen auf der Stell'.
Immer mehr, mehr, mehr,
der kalte Winter kommt bald her.

Der Hamstervater Backenvoll,
der treibt es jeden Herbst ganz toll.
Er nagt die Gerstenähren aus,
schleppt schwere Lasten in sein Haus,
immer mehr, mehr, mehr,
der kalte Winter kommt bald her.

Der Hamstervater Backenschwer,
der frißt die Weizenähren leer.
Schnell alles in die Gänge rein,
das soll die Vorratskammer sein,
immer mehr, mehr, mehr,
der kalte Winter kommt bald her.

Der Hamstervater Backenfett,
der polstert sich sein Winterbett.
Bald schließt er seine Höhle zu
und hält gemütlich Winterruh',
schlaft nur gut, gut, gut,
der kalte Winter euch nichts tut.

Wenn es Nacht wird

Rund und voll ging der Mond über dem Waldrand auf. „Zeit, jagen zu gehen!" dachte er.
Vom Dorf her scholl wütendes Hundegebell herüber. Der junge Fuchs lauschte ängstlich. „Die bellen wieder den Mond an!" dachte er. „Der weiße Spitz, der Kläffer, der Dackel mit den krummen Beinen und der große Schäferhund mit der guten Nase."
Wau - wau - scholl es durch die Nacht. „Die sind immer so verrückt, wenn der Mond scheint", dachte der junge Fuchs. „Als ob er ihnen gehört. Dabei ist er doch mein Freund! Wie er mir den Weg durchs Gestrüpp leuchtet! Richtig anblinzeln tut er mich manchmal!"

Über ihm knackte es in den Zweigen. Der Baummarder war in seiner Höhle aufgewacht und lugte ins helle Mondlicht. „Gut, daß du scheinst!" brummte er. „Mein Magen knurrt. Vielleicht fange ich heute einen Hamster oder eine Maus oder ein junges dummes Eichhörnchen: Du bist mein Freund, lieber Mond."

Unten am Fluß raschelte es. Der Biber schlüpfte aus seiner Biberburg heraus. „Danke, lieber Mond", sagte er, „du spiegelst dich heute ganz besonders hell im Wasser. Da kann ich die Äste gut erkennen. Ich muß ja noch mein Dach in der Biberburg flicken, damit es nicht hineinregnet. Und die beiden jungen Birken da unten muß ich auch noch annagen und fällen. Ja, du bist mein Freund, für mich machst du das Wasser so hell!"

Am Waldrand äugte die Rehmutter mit ihrem Rehkitz hervor. Den ganzen Tag über hatte sie in ihrem Versteck tief im Wald im Gestrüpp gelegen. Ihr Bauch knurrte. „Schein nicht so hell, lieber Mond," sagte sie, „uns darf niemand erkennen. Mein Rehkitz ist noch so unerfahren. Aber du bist ja mein Freund. Du läßt deine Strahlen so vorsichtig zwischen die Bäume fallen."
Als die beiden aus dem schützenden Wald traten und auf der Wiese zu äsen begannen, sprang das Rehkitz entsetzt zur Seite. „Hab keine Angst, das ist nur ein Junghase!" beruhigte es die Mutter. „Der wagt sich auch jetzt erst hervor!"
Der kleine Hase hoppelte auf einen Stein, machte Männchen und guckte nach allen Seiten. „Du bist mein Freund!" rief der Hase. „Du zeigst mir den Weg durch den Klee, über den Acker bis hin zum Garten des Bauern. Da gibt es den saftigsten Salat!"
Über ihm huschte ein dunkler Schatten entlang. Mit einem Satz war der Hase im dichten Dornengestrüpp verschwunden.
Das war die alte Eule. Mit großen glühenden Augen suchte sie den Boden ab. „Leuchte nur, guter Mond!" heulte sie. „Zeig mir die kleinen Mäuse, wie sie übers Feld huschen, und die jungen Wildkaninchen. Du bist doch mein Freund!"
Der gute alte Mond schwamm langsam durch das Wolkenmeer. Ab und zu legte sich eine Wolke vor sein rundes Gesicht. Dann zwinkerte er ein bißchen dahinter hervor. „Kommt nur heraus, ihr lieben Nachttiere!" brummte er. „Ich mache euch die dunkle Nacht hell. Ich bin mit euch allen gut Freund!"
Und wer ganz genau hinhört, kann ihn sogar summen hören. Das klingt zwar ein bißchen kratzig - nicht so lieblich wie der Sternengesang. Aber der gute alte Mond gibt sich rechte Mühe mit seinem Lied:

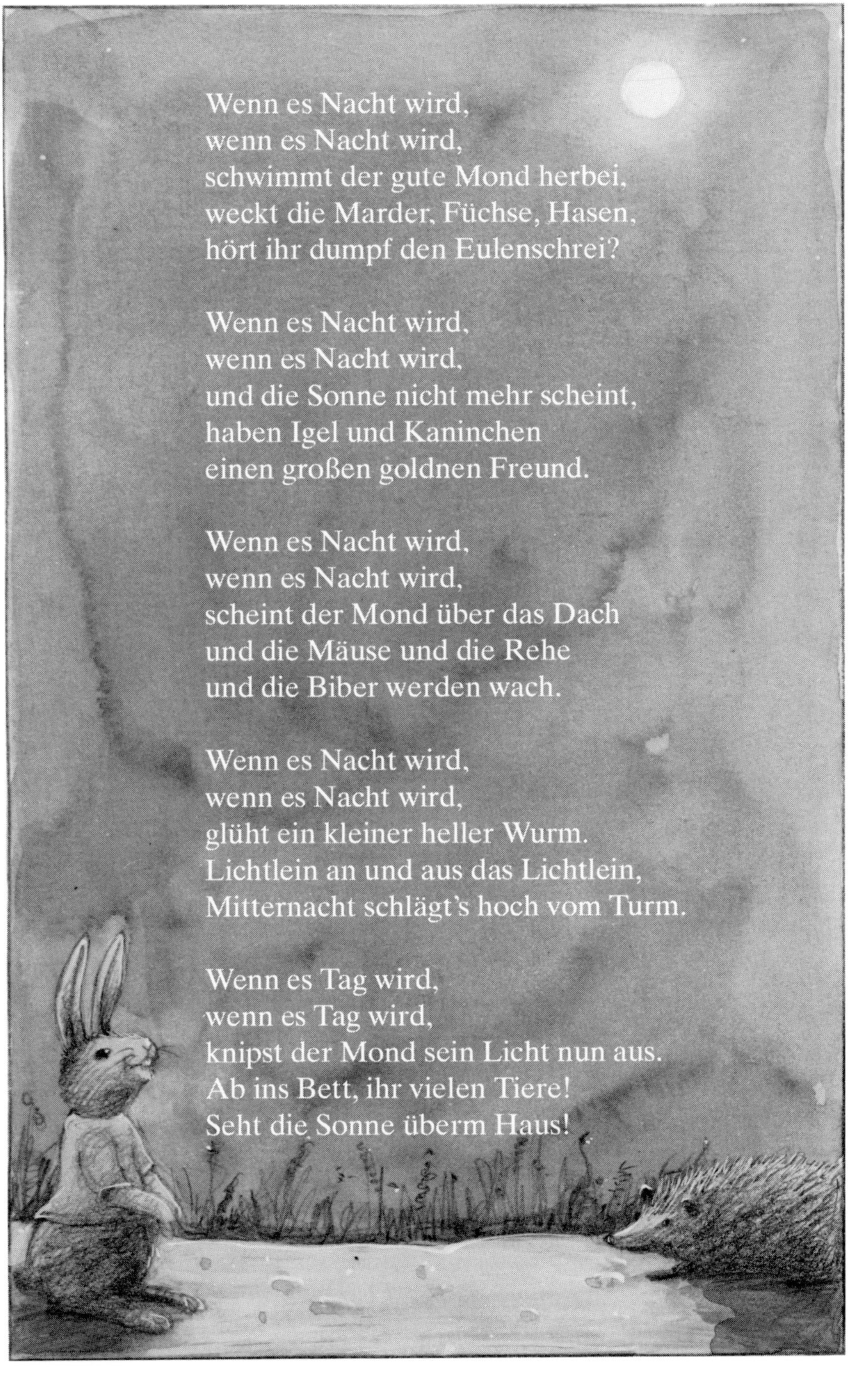

Wenn es Nacht wird,
wenn es Nacht wird,
schwimmt der gute Mond herbei,
weckt die Marder, Füchse, Hasen,
hört ihr dumpf den Eulenschrei?

Wenn es Nacht wird,
wenn es Nacht wird,
und die Sonne nicht mehr scheint,
haben Igel und Kaninchen
einen großen goldnen Freund.

Wenn es Nacht wird,
wenn es Nacht wird,
scheint der Mond über das Dach
und die Mäuse und die Rehe
und die Biber werden wach.

Wenn es Nacht wird,
wenn es Nacht wird,
glüht ein kleiner heller Wurm.
Lichtlein an und aus das Lichtlein,
Mitternacht schlägt's hoch vom Turm.

Wenn es Tag wird,
wenn es Tag wird,
knipst der Mond sein Licht nun aus.
Ab ins Bett, ihr vielen Tiere!
Seht die Sonne überm Haus!

Die Geschichte von der kleinen grauen Katze, die nicht einschlafen wollte

„Aber ich will noch nicht einschlafen!" sagte die kleine graue Katze eigensinnig. „Du gehst doch auch noch auf Mäusejagd! Ich will mitgehen!" - Die Katzenmutter mauzte ärgerlich. „Deine Geschwister schlafen schon im Körbchen, und du legst dich auch wieder hin, Mischka!" „Mauz mir wenigstens noch das Katzenschlaflied vor!" bettelte die kleine graue Katze. - Die Katzenmutter fuhr zärtlich mit ihrer rauhen Zunge über das Fell der kleine Katze und mauzte:

Schau, der Mond steht schon am Himmel,
alle Kätzchen müde sind.
Alle kleinen Tiere schlafen,
und auch du, mein Katzenkind.

„So, und jetzt leg das Schwänzchen ums Kinn und roll dich zusammen! Morgen ist wieder ein schöner Tag!" mauzte sie. Noch einmal betrachtete sie liebevoll ihre Kinder, die kleine schwarze mit dem weißen Fleck über der Nase, die schwarze mit den vier weißen Pfoten, die grauschwarze und die kleine graue Mischka, das Tigerkätzchen. „Die ist ganz nach mir geraten!" lachte sie, „nie will sie im Körbchen bleiben, immerfort will sie spielen und toben und abends nicht einschlafen. Und immer noch was erleben ! Aber nun hat sie endlich die Augen zugemacht, und ich kann auf Mäusejagd gehen!"

Mit einem Satz sprang sie aus dem Körbchen. „Nun ist die Luft rein!" mauzte Mischka. „Mir juckts in allen Gliedern! Ich will was erleben! Jetzt schon schlafen! Was Mutter sich bloß dabei denkt! Ich bin doch kein kleines Katzenbaby mehr!" Sie tappte vorsichtig

den Gang entlang, glitt durch die halbgeöffnete Tür und wollte gerade durch den Zaun schlüpfen, als Bello sie bemerkte. Er knurrte böse:

Mischka, kleines Muschikätzchen,
du darfst nicht mehr draußen sein!
Wart, ich werd's der Mutter sagen,
schnell - husch in dein Körbchen rein!

Aber Mischka war schon hinter den Büschen verschwunden. Sie sprang durchs hohe Gras hinterm Haus und schüttelte sich. Brr, war das eklig naß! Tagsüber, wenn sie Verstecken und Fangen im Garten spielten, war das Gras so schön weich und trocken! - Sie blieb einen Augenblick stehen und leckte sich das feuchte Fell.

Hu - hu - hu! Was war das? Ein großer dunkler Vogel mit glühenden Augen flog über das Gras und strich ganz nahe an Mischkas Kopf vorbei. Mischka hörte ein dumpfes Heulen:

Kleines graues Miezekätzchen,
du sollst längst im Körbchen sein!
Was machst du so spät noch draußen?
Los - lauf schnell ins Haus hinein!

Aber Mischka wollte nicht hören. „Du fliegst doch auch nachts umher, du großer grauer Vogel!" mauzte sie. „Laß mir doch mein Vergnügen! Schlafen kann ich immer noch!" Halt, was raschelte denn da? Mischka spitzte die Ohren. Ihr Schwanz zuckte. War das ein Mäuschen unter dem Holunderstrauch? Sie setzte zum Sprung an, genauso, wie sie es bei der Mutter gelernt hatte. Ihre Augen glühten. Wupp - schon federte ihr kleiner Körper hoch. Gerade wollte sie zupacken - da, o weh, was war das? - Mauzend hielt sie ihre Pfötchen hoch. O, das tat weh! Was war das bloß für ein grauer harter Ball mit lauter spitzen Stacheln? Sie leckte sich ihr schmerzendes Pfötchen.

Mutter hat es doch verboten,
marsch - lauf rasch zurück ins Haus!
Soll der Fuchs dich denn noch fangen?
Trau dich bloß nicht wieder raus!

rief der Igelvater zornig.

Da hatte Mischka genug. Mit großen Sätzen sprang sie über den feuchten Rasen, glitt durch den Zaun und zwängte sich durch die

angelehnte Tür. Ein Sprung - schon lag sie wieder in ihrem Körbchen. Sie leckte sich noch ein paarmal die wunde Pfote, schmiegte sich an das warme Fell der Geschwister, kuschelte sich zusammen und schlief ein.
Der Mond wanderte mit seinen Strahlen über die schlafenden Katzenkinder. Und wer genau hinhörte, konnte ihn flüstern hören:
Alle Katzen, alle Kinder
sind jetzt brav und schlafen ein,
kuscheln sich in ihre Körbchen,
in ihr warmes Bett hinein.

Weißt du, wie die Häschen schlafen?

Weißt du, wie die Häschen schlafen?
Sie ducken sich tief ins Gras hinein.
Du kannst nur die langen Ohren sehen,
so schlafen die Hasenkinder ein.

Weißt du, wie die Kätzchen schlafen?
Sie rollen den Kopf ins Fell hinein.
Das Schwänzchen zuckt noch, wenn sie träumen,
so schlafen die Katzenkinder ein.

Weißt du, wie die Amseln schlafen?
Sie fliegen ins Blätterhaus hinein.
Sie plustern noch einmal weit die Federn,
dann schlafen die Amselkinder ein.

Weißt du, wie die Lämmchen schlafen?
Sie lassen das Hüpfen und das Springen sein.
Sie legen sich nahe der Mutter nieder.
So schlafen die kleinen Lämmchen ein.

Weißt du, wie die Schnecken schlafen?
Sie kriechen ins Schneckenhaus hinein.
Da ist es gemütlich, warm und dunkel,
so schlafen die Schneckenkinder ein.

Weißt du, wie die Bienen schlafen?
Sie fliegen ins Bienenhaus hinein.
Sie summen und brummen und falten die Flügel,
dann schlafen die fleißigen Bienen ein.

Weißt du, wie die Mäuschen schlafen?
Sie kriechen ins Mauseloch hinein.
Die Mutter hat das Nest gepolstert,
so schlafen die Mausekinder ein.

Weißt du, wie die Seehunde schlafen?
Die Wellen, sie wiegen leis sie ein.
Sie liegen ganz still auf den Seehundbänken,
so schlafen die Seehundkinder ein.

Alle Tiere sind nun müde
und machen ihre Äuglein zu.
Der gelbe Mond scheint schon durchs Fenster,
mein liebes Kind, nun schläfst auch du.

Draußen ist es kalt und dunkel,
hier im Bettchen ist es warm.
Ich halte deine kleinen Hände,
und Teddy schläft in deinem Arm.

Wenn kleine Elefanten schlafen gehen

„Die Sonne steht schon ganz tief über der Akazie am Fluß. Der Mond geht bald auf. Zeit, schlafen zu gehen!" trompetet die Elefantenmutter ihrem kleinen Wumbo ins Ohr. Aber Wumbo mag noch nicht schlafen. Er will noch ein bißchen mit den großen Brüdern am Fluß spielen.

Wumbo ist noch gar nicht müde,
Wumbo sieht noch keinen Stern.
Stampfen, plantschen, Wasser spritzen,
ja, das hat der Wumbo gern!

trompetet das kleine Elefantenkind. „Und außerdem hab ich Durst!" Er zwängt sich zwischen die Beine der Mutter, stellt den Rüssel hoch und faßt mit dem Mund die Zitzen.
Dann läuft Wumbo wieder runter ans Wasser. Die großen Brüder können schon mit dem Rüssel Wasser trinken und spritzen.
Sie lachen Wumbo aus, weil er sich immer zum Trinken hinknien muß. Aber Wumbo steht schon wieder ganz mutig auf seinen vier Beinen. O - der Rücken juckt ihm so. „Vollspritzen!" ruft er, „zehn Duschen auf einmal!"

Simba los, heb' deinen Rüssel,
spritz' mir eine Riesenschüssel
Wasser 'rauf - von Kopf bis Po
und du, Wuko, ebenso!

Gutmütig spritzen die beiden großen Brüder wahre Wasserfontänen auf den kleinen Wumbo.

Allmählich wird es dunkler. Aber Wumbo ist immer noch hellwach. Nachtschmetterlinge flattern vor seinem Kopf hin und her.

Wumbo wartet auf seinen kleinen Freund, den Madenhacker.

Der setzt sich abends immer auf seinen Rücken und pickt ihm die juckenden Insekten aus den Hautfalten heraus.

Schwarzer Vogel, bist du bange?
Komm - ich warte schon so lange!
O - es juckt so, welch ein Graus!
Zieh die frechen Maden raus!

lockt Wumbo.

Und schwupp - hat sich der kleine schwarze Vogel auf seinen Rücken gesetzt. Wumbo seufzt ganz zufrieden.

Nun ist es ganz dunkel geworden. Da fängt auch der kleine Wumbo an zu gähnen. Er fühlt gerade noch, wie ihm die Mutter sanft mit dem Rüssel seinen kleinen Kopf krault. Dann setzt sie ihn in ihren Rüssel und wiegt ihn sanft hin und her - wie in einer richtigen Menschenwiege.

Wumbo hat getobt, gelacht,
doch nun kommt die dunkle Nacht.
Kleine Augen zugemacht,
Mutter, Tanten halten Wacht.

trompetet sie ihm zärtlich ins Ohr.

Und dann stellen sich die Mutter, Tanten und Onkel um die kleinen Elefantenkinder herum. Wie eine feste graue Mauer sieht das aus. Und vor der „Mauer" hält der große Elefantenbulle mit den riesigen Stoßzähnen Wache.

Ganz zufrieden schlafen Wumbo, Simba und Wuko ein.

Was der kleine Bär sich wünscht

„Kleiner Bär!" sagte Mutter Bär. „Ja, Mutter?" fragte der kleine Bär. „Schläfst du noch nicht?" fragte Mutter Bär. „Nein, Mutter", sagte der kleine Bär, „ich kann nicht schlafen."

„Warum nicht?" fragte Mutter Bär. „Ich bin am Wünschen", antwortete der kleine Bär. „Was willst du dir denn wünschen ?" fragte Mutter Bär.

„Ich möchte auf einer Wolke sitzen und überall herumfliegen", sagte der kleine Bär.

„Das kannst du dir nicht wünschen, mein kleiner Bär", antwortete Mutter Bär.

„Dann wünsche ich mir, daß ein Meerschiff kommt", sagte der kleine Bär, „und die Leute auf dem Schiff sagen: Komm herauf, komm herauf! Wir fahren los! Komm mit! Komm mit!"

„Das kannst du dir nicht wünschen, mein kleiner Bär", sagte die Mutter Bär.

„Dann möchte ich einen Tunnel finden, der bis nach China geht", sagte der kleine Bär, „dann würde ich für dich nach China laufen und Eßstäbchen nach Hause bringen."

„Das kannst du dir nicht wünschen, mein kleiner Bär", sagte Mutter Bär.

„Dann wünsche ich mir ein großes rotes Auto", sagte der kleine Bär, „ich würde schnell, schnell davonfahren, und ich käme zu einem großen Schloß. Und eine Königstochter käme heraus und sagte zu mir: 'Willst du ein Stück Kuchen haben, kleiner Bär?' Und ich würde ein Stück Kuchen essen."

„Das kannst du dir nicht wünschen, mein kleiner Bär", sagte Mutter Bär.
Da sagte der kleine Bär: „Dann wünsche ich mir, daß eine Mutter Bär zu mir kommt und sagt: Soll ich dir eine Geschichte erzählen?"
„Gut", sagte Mutter Bär, „das kannst du dir wünschen. Das ist ein kleiner Wunsch."
„Danke, Mutter", sagte der kleine Bär, „das wünsche ich mir schon so lange."
„Und was für eine Geschichte möchtest du hören?" fragte Mutter Bär.
„Erzähl' mir etwas von mir", sagte der kleine Bär. „Erzähl' mir, was ich früher alles gemacht habe."
„Gut", sagte Mutter Bär, „einmal hast du im Schnee gespielt, und du wolltest etwas haben zum Anziehen."
„O ja, das war lustig", sagte der kleine Bär. „Erzähl' mir noch etwas von mir."
„Gut", sagte Mutter Bär, „einmal hast du einen Fliegerhelm aufgesetzt und hast Mondfahrer gespielt."
„Das war auch lustig", sagte der kleine Bär. „Erzähl' mir noch mehr von mir."
„Gut", sagte Mutter Bär, „einmal hast du gemeint, du bekämst keinen Geburtstagskuchen, da hast du eine Geburtstagssuppe gemacht."
„Oh, das war lustig", rief der kleine Bär, „und dann bist du mit dem Kuchen gekommen. Du tust immer etwas Liebes für mich."
„Und jetzt", sagte Mutter Bär, „kannst du auch etwas Liebes für mich tun." „Was denn?" fragte der kleine Bär.
„Du kannst jetzt schön schlafen", sagte Mutter Bär.
„Also gut, dann schlafe ich", sagte der kleine Bär, „gute Nacht, liebe Mutter."
„Gute Nacht, mein kleiner Bär. Schlaf gut."

Else Holmelund Minarik/Maurice Sendak

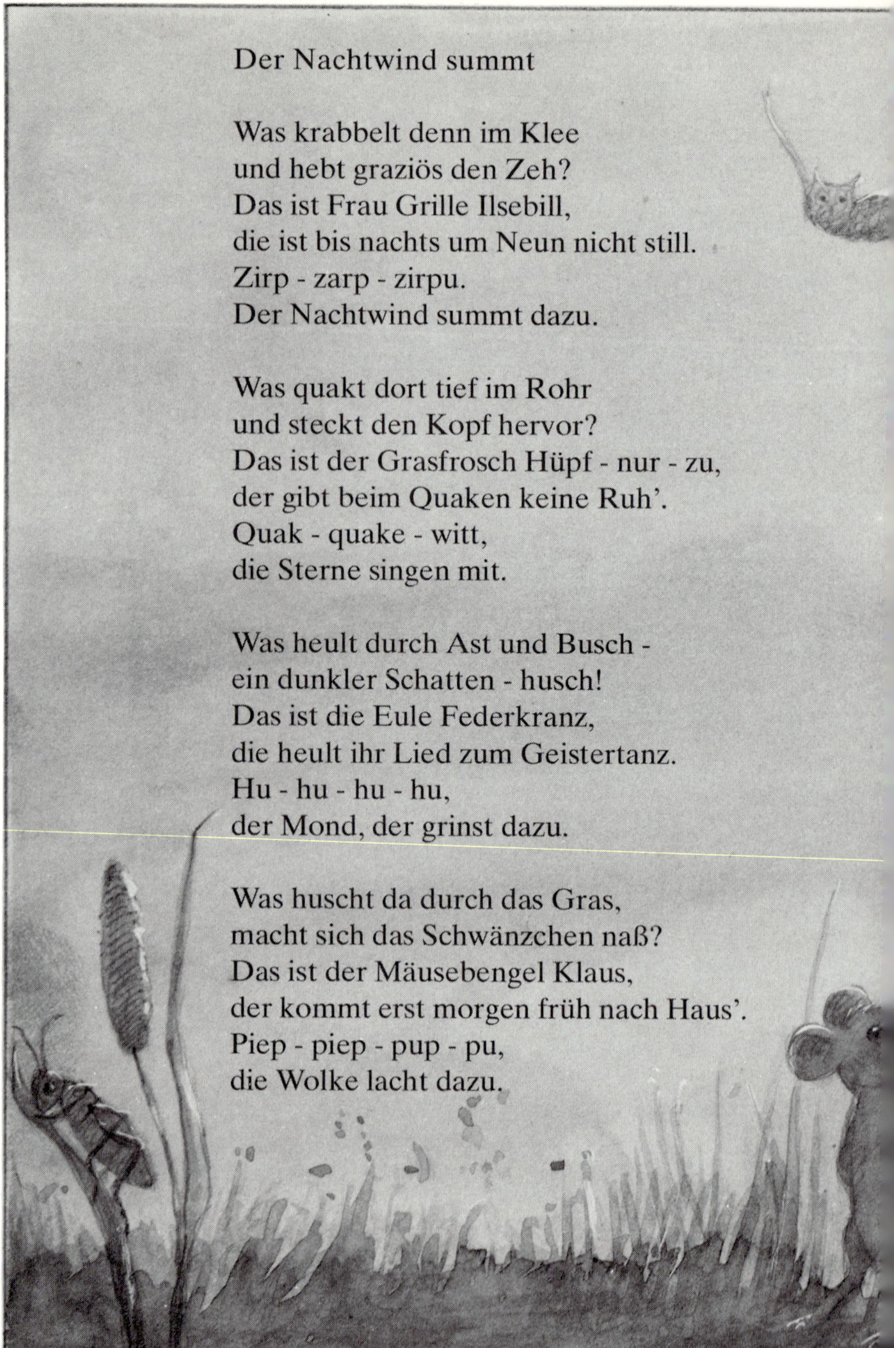

Der Nachtwind summt

Was krabbelt denn im Klee
und hebt graziös den Zeh?
Das ist Frau Grille Ilsebill,
die ist bis nachts um Neun nicht still.
Zirp - zarp - zirpu.
Der Nachtwind summt dazu.

Was quakt dort tief im Rohr
und steckt den Kopf hervor?
Das ist der Grasfrosch Hüpf - nur - zu,
der gibt beim Quaken keine Ruh'.
Quak - quake - witt,
die Sterne singen mit.

Was heult durch Ast und Busch -
ein dunkler Schatten - husch!
Das ist die Eule Federkranz,
die heult ihr Lied zum Geistertanz.
Hu - hu - hu - hu,
der Mond, der grinst dazu.

Was huscht da durch das Gras,
macht sich das Schwänzchen naß?
Das ist der Mäusebengel Klaus,
der kommt erst morgen früh nach Haus'.
Piep - piep - pup - pu,
die Wolke lacht dazu.

Was plätschert leis am Strand
und glu - glu - gluckst im Sand?
Das ist das große weite Meer,
das schickt die vielen Wellen her.
Glicks - glacks - glucku,
das Meer - das rauscht dazu.

Wer reckt und streckt sich so,
kratzt sich den kleinen Po?
Kratzt sich das frischgewaschne Ohr
und guckt aus seiner Bettdeck' vor?
Wer wird's denn sein?
Des Nachts beim Mondenschein?

Das ist mein kleiner Hemdenmatz,
will aus dem Bett mit einem Satz.
Mein Schatz, nun gib doch endlich Ruh'
und mach' die Kulleraugen zu.
Fi - fu - fau - fein,
mein Schatz, der schläft jetzt ein.

Wenn die Tiere träumen

Die Katze läuft weg von den Mäusen,
das Äffchen hat Angst vor den Läusen.
Der Wolf, er rennt weg vor dem Schaf.
Warum denn? Ja, wann denn?

Im Schlaf.
Aha!
Ei darum! Ei deshalb!
Im Schlaf.

Die Bäume verprügeln die Winde.
Der Lehrer verbeugt sich vorm Kinde.
Vorm Huhn nimmt der Fuchs sich in acht.
Warum denn? Ja, wann denn?

Bei Nacht.
Aha!
Ei darum! Ei deshalb!
Bei Nacht.

Der Wachtmeister flieht vor dem Diebe.
Den Hasen verfolgt eine Rübe.
Ein Pferd schlägt den Knecht mit dem Zaum.
Warum denn? Ja, wann denn?

Im Traum.
Aha!
Ei darum! Ei deshalb!

Im Traum.
Die Katze fängt wieder die Mäuse.
Das Äffchen knackt wieder die Läuse.
Der Wolf holt sich wieder ein Schaf.
Wieso denn? Was ist denn?
's ist Tag.

Ei darum! Aha! Ei deshalb!
's ist Tag.

James Krüss

Kapitel 4

Abends im Gebirg' der Dächer
Was draußen in der Welt passiert, während wir schlafen

Liebe Eltern!

Die Pädagogen nennen es „Übergangsobjekt". Gemeint sind die Teddys, Murmels, Eumels, Hasis und wie sie alle heißen, die am Abend zum Einschlafen so ganz besonders wichtig sind. Manchen hängen die langen Ohren, und sie sind im Fell ganz glatt, einige Stellen zeigen, daß sie mit dem Lutschmund schon häufig Bekanntschaft gemacht haben. Ja, zum Lutschen und zum Knuddeln und ganz einfach zum (Lieb)Haben sind sie da.
Wir Erwachsenen reagieren auf diesen Plüsch- oder Stoffkult häufig recht befremdet. Besonders das Lutschen - das kann doch nicht gut sein und hygienisch schon gar nicht. Ja, so vergeßlich sind wir. Denn uns selber hat es sehr gut getan. Allerdings: Einigen von uns ist es verboten worden. Vielleicht auch Ihnen? Da ist es verständlich, wenn Sie dasselbe mit Ihren Kindern machen wollen. Aber vielleicht schaffen Sie, es zuzulassen - und zwar alles: das Lutschen und Schmusen und Knuddeln und Herumschleppen, wenn Sie hören, was die Psychologen herausgefunden haben.
Diese „Übergangsobjekte" sind wichtig für die Kinder zur Ablösung von uns Erwachsenen, zum Selbständigwerden. Und wenn man das Großwerden der Kinder nicht stören will, sollte man versuchen, das zu akzeptieren. Das heißt jedoch nicht, daß Sie Ihre Gefühle verstekken sollen. „Der ist aber ganz schön speckig." Es ist sogar wichtig, daß Sie sagen, was Sie empfinden. Das ist genauso wichtig wie der Versuch, dem Kind hier seine Freiheit zu lassen. Die braucht es sehr.

Und nun: Schöne Vorlesezeit mit Ihrem Kind!
Ihr Horst Speichert

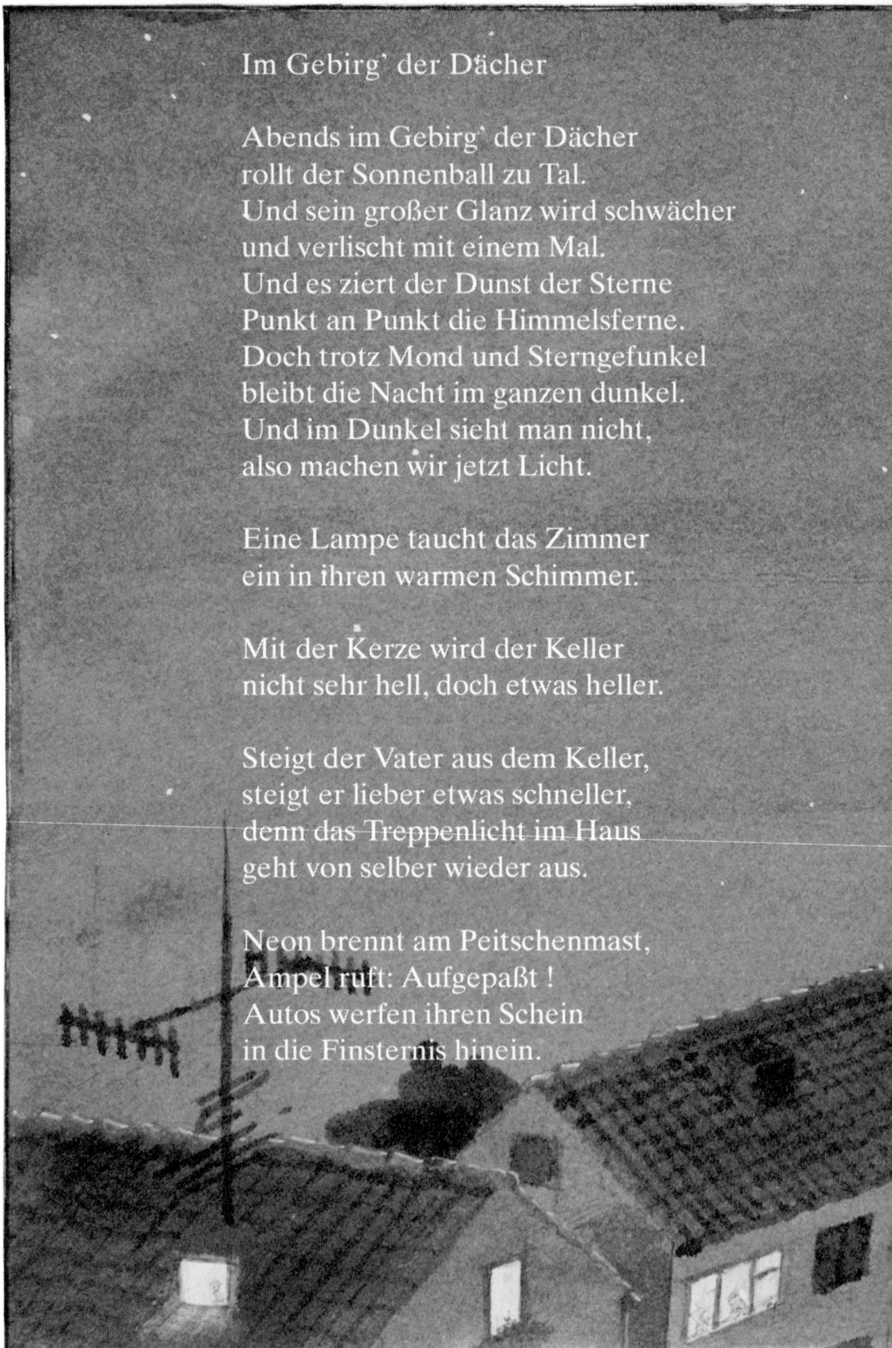

Im Gebirg' der Dächer

Abends im Gebirg' der Dächer
rollt der Sonnenball zu Tal.
Und sein großer Glanz wird schwächer
und verlischt mit einem Mal.
Und es ziert der Dunst der Sterne
Punkt an Punkt die Himmelsferne.
Doch trotz Mond und Sterngefunkel
bleibt die Nacht im ganzen dunkel.
Und im Dunkel sieht man nicht,
also machen wir jetzt Licht.

Eine Lampe taucht das Zimmer
ein in ihren warmen Schimmer.

Mit der Kerze wird der Keller
nicht sehr hell, doch etwas heller.

Steigt der Vater aus dem Keller,
steigt er lieber etwas schneller,
denn das Treppenlicht im Haus
geht von selber wieder aus.

Neon brennt am Peitschenmast,
Ampel ruft: Aufgepaßt !
Autos werfen ihren Schein
in die Finsternis hinein.

Läden schreiben ihre Namen
mit dem Licht der Leuchtreklamen,
welche auf dem regenfeuchten
Pflaster farbig widerleuchten.

Oben auf dem Starkstromkabel
piept ein Spatz mit seinem Schnabel.

Kehrt die Sonne wohlbehalten
morgens heim in unsre Stadt,
kann der Mensch das Licht abschalten,
froh, daß er sie wiederhat.

Peter Hacks

Ein Flug durch die Nacht
Was in der Stadt passiert, wenn andere schlafen

Peter kann nicht einschlafen. Unten bei Müllers rauscht das Wasser in der Badewanne. Bei Petermann über ihm hat jemand an der Klospülung gezogen. Und im Fernseher bei Fries nebenan donnern die Pistolenschüsse der Sheriffs.
Peter guckt zur Decke. Die Lichtkegel der Autos tauchen auf und verschwinden. Ein Martinshorn heult in der Ferne.
Er muß an die Sandmännchengeschichte heute abend im Fernsehen denken. Wie das Sandmännchen da auf einem Mondstrahl über die Stadt geflogen ist. Und wie er die Autoscheinwerfer auf der Autobahn gesehen hat - wie glühende Punkte.
„Was da draußen in der Nacht alles los ist!" denkt er. „Toll müßte das sein, jetzt draußen so herumzufliegen - über unser Haus und immer weiter weg! Die Augen ganz fest zumachen!" denkt er, „und etwas Schönes wünschen! Und die Ohren aufsperren!"
Nach einer Weile hört er ein Wispern ganz nahe an seinem Kopfkissen. „Komm, Peter, mach' die Augen auf!" hört er eine Stimme. „Du brauchst keine Angst zu haben, du kennst mich ja! Ich wollte dich schon längst mal mitnehmen auf meine Reise durch die Nacht. Guck mal, die Säckchen mit Sand sind ganz leer. Alle Kinder schlafen schon. Da hat mir der Obersandmann eine Stunde freigegeben.
Paß auf, wenn der nächste Mondstrahl durchs Zimmer wandert, nimmt er uns mit auf die Reise!"
„Toll!" sagt Peter, „fallen wir da auch nicht runter?"
„Keine Bange, ich weiß mit Mondstrahlen Bescheid! Zieh dir aber deine Jeans und einen warmen Pulli an. Heut nacht ist es richtig kalt draußen!"
Wupp - wupp - schon haben sich die beiden auf den Mondstrahl geschwungen. „Sandmännchen, laß uns über den Jahrmarkt fliegen!" bettelt Peter. „Das muß stark aussehen bei Nacht!"
Unter ihnen funkeln die Reklameschilder in vielen Farben. „Guck mal, das Riesenrad! Das sieht aus wie ein bunter Feuerkreis!" ruft Peter. „Und die vielen Glühbirnen auf dem Zirkuszelt! Und die Leuchtreklame bei den Kinderautos!"

Peter macht große Augen .
„Jetzt kommt das Schönste!" lacht das Sandmännchen. „Guck mal, das Feuerwerk über dem Zirkus! Wie ein richtiger Sternenregen!"
Peter möchte am liebsten gar nicht weiter. „Komm, wir haben uns noch so viel anzusehen !" drängt das Sandmännchen. „Was meinst du, was in der Stadt los ist, während die andern Menschen schlafen!"
Sie fliegen über eine große Fabrik. Viele Fenster sind hell erleuchtet. Aus den hohen Schornsteinen sprüht und dampft es.
„Die ganze Nacht lang müssen die Arbeiter schuften!" denkt Peter. „Die werden morgen früh aber müde sein!"
Und dann flitzen zwei Polizeiwagen und ein Krankenwagen mit Blaulicht die Straße entlang.
„Da ist auf der Autobahn schon wieder ein Unfall passiert," denkt Peter. Der Krankenwagen hält vor einem großen Krankenhaus. Hinter vielen Fenstern brennt noch Licht.
„Die Krankenschwestern und die Ärzte müssen die ganze Nacht einsatzbereit sein!" sagt das Sandmännchen.
Ein ohrenbetäubendes Geknatter ist ganz nah zu hören.
„Guck mal, der Hubschrauber!" ruft Peter. „Der landet genau auf der Plattform vom Krankenhaus. Das ist ja ganz stark! Wenn ich das Michael und Uli erzähle, werden die aber Augen machen!"

Ein Rettungsteam in weißen Kitteln hat die Ankunft des Hubschraubers schon erwartet.
Schnell wird der Verunglückte auf eine Bahre in den Fahrstuhl geschoben. Der Rettungshubschrauber knattert wieder in die Nacht hinaus.
„Los, weiter!" drängt das Sandmännchen. „Was ist denn das für ein großes Gebäude mit den vielen hellerleuchteten Fenstern?" fragt Peter. „Das ist das große Druckhaus einer Zeitung!" erklärt das Sandmännchen. „Die Redakteure haben bis spät in die Nacht noch am Computer in die Tasten getippt. Die neuesten Nachrichten sollen ja am nächsten Tag in der Zeitung stehen. Nun setzt der Setzer die Texte, und die ganze Nacht hindurch drucken die Maschinen die Zeitungen. Morgens ganz früh werden die Zeitungspakete zu den Austrägern und Kiosken geliefert."
Unter ihnen rollen Lastwagen die Straßen entlang. Sie bringen frisches Gemüse, Fisch, Obst und Fleisch zu den Markthallen. Da kaufen die Händler schon ganz früh am Morgen die Waren ein und bringen sie in die verschiedenen Geschäfte.
Peter schnuppert. „Mm - das riecht aber gut! Wollen wir nicht ein bißchen niedriger fliegen?" bittet er. „Ja - das riecht wirklich gut nach frischen Brötchen und Hefekuchen!" lacht das Sandmännchen. „Die Bäcker stehen schon um vier Uhr morgens vor ihren

Backöfen. Du magst doch auch gern vor der Schule ein knackiges Brötchen essen!"

Nun fliegen die beiden über die Bahngleise.

Die glühenden Augen der Lokomotive leuchten auf und verschwinden im Dunkel.

Einige Waggons sind unbeleuchtet. „Da liegen die Menschen in ihren Schlafkabinen und sausen durch die Nacht!" erklärt das Sandmännchen. „Aber auch die vielen Postsäcke werden nachts von einem Bundesland zum andern transportiert. Noch in der Nacht werden die Briefe in den Postwaggons sortiert. Wenn deine Tante in München dir gestern einen Brief geschrieben hat, kannst du ihn heute schon im Briefkasten finden. Auch viele Güterzüge fahren kreuz und quer durch die Nacht." „Guck mal dort die Tankstelle!" ruft Peter. „Die ist ganz hell erleuchtet! Und so viele Laster stehen davor!"

„Auf der Autobahn donnern die ganze Nacht über die schweren LKW. Die Fahrer haben kleine Schlafkojen hinter dem Fahrersitz und wechseln sich beim Fahren ab", erklärt das Sandmännchen.

„Nun kommt das Tollste!" ruft Peter. „Guck mal, der Flugplatz bei Nacht!" Die Rollbahnen sind mit kleinen Positionslampen ausgeleuchtet. Der Flugplatz ist hell angestrahlt, schon von weitem kann man ihn erkennen. Ein Flugzeug setzt zur Landung an. Hell glühen die scharfen Scheinwerfer in der Nacht. An der einen Seite blinken die grünen, an der anderen die roten Positionslampen.

„Und wenn es ganz dunkel und neblig ist, wie kann das Flugzeug dann landen?" fragt Peter.

„Guck mal dort unten, der Kontrollturm!" erklärt das Sandmännchen. „Dort bewachen Fluglotsen auf ihrem Bildschirm den Flugverkehr am Himmel. Sie leiten mit Radargeräten die Flugzeuge sicher auf ihre Bahn."

Allmählich wird Peter müde vom vielen Schaun.

„Ich glaube, mein Hintern fängt an zu frieren!" gähnt er, „und meine Füße sind auch schon ganz kalt!"

„Na, dann wird es wirklich Zeit, marsch, ab ins Bett!" lacht das Sandmännchen.

„Das war ein toller Flug, vielen Dank!" sagt Peter noch kurz vor dem Einschlafen.

„Peter, wach auf!" lacht die Mutter. „Sag mal, hast du heut nacht gefroren? Die Bettdecke liegt auf der Erde und du schläfst mit Jeans und Pullover!"
Peter blinzelt. Nun ist er hellwach.
„Du Mami", sagt er, „ich mußte mich warm anziehen. Ich bin doch über den Flugplatz geflogen!"
„Na hoffentlich kannst du in der Schule überhaupt aufpassen, wenn du so viel geträumt hast!" lacht die Mutter.
„Nein - geträumt hab ich das nicht...", will Peter sagen.
„Das Sandmännchen..." Aber da ist die Mutter schon in die Küche gegangen.
„Na, denn nicht!" lacht Peter, „dann bleibt es eben mein Geheimnis! Toll war das heute nacht!"

Vati muß die Uhr zurückstellen

„Du darfst nachher mit mir die Tagesschau um 20 Uhr gucken, und dann geht es ins Bett!" sagt die Mutter.
Corinna ist heute aber noch gar nicht müde. Sonst kommt Vater immer noch mal ans Bett und erzählt ihr eine Geschichte.
Vater fehlt ihr heute. Er ist nach New York geflogen, weil er geschäftlich dort zu tun hat.
„Mami, ob Papi jetzt auch die Tageschau sieht und nachher im Hotel sein Abendbrot ißt?" fragt Corinna.
„Papi wird jetzt gerade Mittag essen", lacht die Mutter. „In New York ist es nämlich jetzt erst 14 Uhr."
Corinna macht große Augen. „Ja, als Papi in New York gelandet ist, mußte er seine Uhr sechs Stunden zurückstellen."
„Da kommen die Kinder ja jetzt gerade erst aus der Schule!" lacht Corinna. „Und morgen früh, wenn ich gerade zur Schule gehe, dann liegen die Kinder in New York noch in tiefem Schlaf."
Die Mutter holt einen Weltatlas. „Schau mal, wenn du von Hamburg aus mit dem Finger nach Osten gehst, dann findest du Orte, auf denen ist es schon später als bei uns.
Für die Kinder in Indien ist es schon 12 Uhr mittags, wenn du um 8 Uhr zur Schule gehst. Und für die Kinder in Australien ist es schon später Nachmittag!"
Corinna lacht. „Mami, das wäre toll, wenn ich eine Zaubermaschine hätte und rund um die Welt fliegen könnte. Dann würde ich immer genau dort hinfliegen, wo die Kinder gerade Turnen haben! Die Turnstunde ist bei uns nämlich immer viel zu früh zu Ende! Ich möchte mal den ganzen Tag über den Ringen hängen, am Reck turnen und Ball spielen und Weitspringen!"
„Ja, und dann bist du am Schluß so müde, daß du nur noch schlafen magst!" lacht die Mutter. „Genau wie jetzt - kannst ja von den tollen Turnhallen und Sportplätzen in San Francisco träumen!"
„Mach ich", lacht Corinna, und bald ist sie eingeschlafen.

Peter und die Nachtkatze

Peter kann nicht schlafen. Er dreht den Zipfel von seinem Schmusekissen hin und her. Er zählt bis zehn, das kann er schon, vor- und rückwärts. Aber er wird immer wacher. Er springt aus dem Bett und holt sich die Schmusetiere. Den Teddy mit den abgerissenen Knöpfen, den weichen Bären und die grau-weiße Mischka mit dem abgeknickten Ohr. „Schmusetiere sind ja ganz lieb", denkt er, „aber ein richtiges Tier, das ist doch ganz was anderes." Die anderen Kinder aus dem Kindergarten haben fast alle richtige Tiere. Tini hat einen gelben Kanarienvogel, Tim hat ganz viele Goldfische im Aquarium, und Peter hat sogar Meerschweinchen.

Drei Stück! Und der Junge von dem Bauernhof, wo sie im Sommer waren, der hat sechs Kaninchen, braune, schwarze und ein weißes. Und nun hat die dicke graue Katze von Michael gestern abend Junge bekommen. Ganz winzig sind die, und die Augen haben sie noch zu. Aber in zwei Wochen machen sie die Augen auf, hat Michael gesagt. Dann fangen sie an zu krabbeln und herumzutapsen, und bald können sie richtig toben und springen und spielen. Dann kannst du die graue haben, wenn deine Mutter es erlaubt, hat Michael gesagt.
Ja, Mami, das ist das Problem. „Wie kann ich bloß Mami überreden? Mischka, sag doch mal was!" flüstert Peter. Er piekst der Schmusekatze in den Bauch. „Mischka, bin ich wirklich noch zu klein für ein lebendiges Tier? Mutter sagt, ich werd' mich nur am Anfang um ein Tier kümmern, nachher hat sie die ganze Arbeit."
„Miau", macht Mischka. Sie reckt und streckt sich. Sie spreizt die Pfoten. Mit einem Satz springt sie aus dem Bett und schleicht im Zimmer umher. Sie schnüffelt an der Spielzeugmaus und zieht an den Troddeln vom Vorhang. Ihre grünen Augen funkeln. Sie saust unters Bett. Ihr Schwanz zuckt. „Mischka, komm!" lockt Peter. „Komm, Kasper spielen!" Er stülpt sich die Kasperpuppe über und schwenkt die Zipfelmütze. Mischka langt nach dem bunten Bommel. Peter klappt das Maul des Krokodils auf und zu. Mischka faucht und stupst mit der Pfote nach dem grünen Ungeheuer. Dann holt sie sich Peters buntes Wollknäuel und fegt damit durchs Zimmer, hin und her. „Du machst ja ein richtiges Katzenspinnennetz!" lacht Peter.
Dann hat Mischka Durst. „Miau!" maunzt sie und reckt sich an der Tür hoch. „Ich hol' dir Milch", ruft Peter. Vorsichtig gießt er die Untertasse voll. Mischka leckt ganz sauber den Teller auf, kein Tropfen bleibt übrig.
Auf einmal wird Peter ganz müde. „Komm schlafen, Mischka!" ruft er. „Miau", macht Mischka und schmiegt sich an seine Seite. Sie schnurrt. „Schlaf schön", flüstert Peter und streichelt ihr weiches Fell.
„Sag mal, du bist heut' nacht wohl geschlafwandelt?" ruft die Mutter. „Das sieht hier vielleicht aus!" „Mami, die Schmusekatze war richtig lebendig, ganz in echt!" will Peter sagen. „Ach was,

Mami lacht mich doch bloß aus", denkt er. „Ich räume schon noch auf, Mami", sagt er laut. „Im Aufräumen bin ich heute Weltmeister!" „Na, das wollen wir mal abwarten!" meint die Mutter.
Am Frühstückstisch geht es ganz mustergültig zu. Kein Maulen über die Haut auf der Milch, kein Kleckern mit Honig, den ganzen Müsliteller ißt Peter ohne Widerstreben auf. „Mami", sagt er so ganz nebenbei, „Michaels Katze hat Junge bekommen. Da ist eine ganz süße graue Tigerkatze dabei." Mama zwinkert mit den Augen. „Wollen mal sehen. Vielleicht läßt sich noch darüber reden", meint sie vorsichtig.

Die neue Brille

Daniela starrt an die Decke. Schon seit einer Stunde. Die Uhr im Wohnzimmer schlägt zehn, dann schlägt sie elf. Sie stellt sich vor, wie sie morgens mit der neuen Brille in die Klasse kommt. Und wie alle um sie herumstehen und sie anstarren. Juli wird sie vielleicht trösten und sagen: „Ach, ich trag' doch schon zwei Jahre lang die Brille. Prima, daß ich jetzt nicht mehr die einzige in der Klasse bin!" Und Ulrike wird vielleicht den Arm um sie legen und flüstern: „Du, die Brille steht dir gar nicht so schlecht. Meine große Schwester trägt auch eine, so eine mit getönten Gläsern. Das sieht superschick aus. Ich finde, mit Brille sieht sie sogar besser aus als ohne. Und beim Sport, beim Tennis, trägt sie sowieso Haftschalen. Die merkt sie gar nicht."
Daniela wirft sich auf die andere Seite. Aber die Jungen! Arne, der sie so gern von hinten in die Seite pufft. Der hat ihr sogar schon mal in der Mathestunde einen Liebesbrief geschrieben. Sieben Kästchen im Rechenheft mit Herzen und in jedem Herz mit roten Kugelschreiber „Daniela". Und Jens, der immer sagt: „Eigentlich könntest du in unserer Fußballmannschaft mitspielen, so wie du laufen kannst! Und Tore schießen kannst du bestimmt auch." Der lange Michael aus der anderen vierten Klasse, der hat einmal hinter der Julia hergerufen, als sie mit ihrer neuen Brille ankam: „Mein letzter Wille, 'ne Frau mit Brille!"

Mit einem Satz springt Daniela aus dem Bett. Da liegt die neue Brille auf dem Nachttisch. Die Bügel haben ein lustiges blauweißes Muster. Zögernd greift Daniela danach. Sie knipst die Deckenlampe an. Sie setzt sich die Brille auf und guckt in den Spiegel. „Eigentlich hab' ich große blaue Augen!" denkt sie. „Wenn ich die nicht mehr zusammenkneife, sehen sie richtig. Und Kopfschmerzen werd' ich auch nicht mehr kriegen, hat der Augenarzt gesagt. Und wer mich nicht leiden kann, soll weggucken!" ruft sie und streckt ihrem Spiegelbild die Zunge 'raus. „Ich zieh' morgen die neuen Jeans an und das blaue T-Shirt von meiner Patentante aus Amerika mit den knalligen Farben. Und dann setz' ich die Brille auf. Die anderen werden Augen machen!"
Da schlägt's zwölf Uhr aus dem Wohnzimmer. „Toll!" lacht Daniela. „Wegen der neuen Brille hab' ich sogar den Anfang der Geisterstunde mitgekriegt. Wollt' ich doch immer schon mal! Das muß ich morgen gleich der Julia erzählen!"
Mit einem Satz springt sie in ihr Bett, und schon ist sie eingeschlafen.

Kai beißt sich durch

Kai steht an der Tafel. Die Kreide ist ganz krümelig in seiner Hand. Hinter sich hört er Gekicher. Das sind bestimmt wieder Andrik und Michael. Die lachen ihn auch in der Pause immer aus, wenn er sich beim Seilspringen so ungeschickt anstellt. Und wenn er die leeren Coladosen nicht so weit kicken kann wie die beiden Fußballfans. Er schwitzt vor Anstrengung.
„Na, das geht ja heute wieder ziemlich langsam!" meint die Lehrerin. „Wie soll das morgen bei der Mathearbeit erst werden? Das kleine Einmaleins muß wie am Schnürchen gehen, dann klappt's auch mit den großen Zahlen!"
Wenn er nur so ein Schnürchen hätte im Kopf! Oder so einen kleinen Schnellrechencomputer! Müßte man doch mal konstruieren!
„Kai, ich glaube, du hast schon wieder Erfindergedanken! So lange brütest du an der Tafel herum!" meint die Lehrerin.
„Ich glaub', für den muß noch mal ein Lutscherroboter erfunden werden!" grinst Michael. „Der kann ja noch nicht mal alleine lutschen! So lange kaut er auf den Gummibärchen und den Lakritzen herum!" Die Klasse brüllt vor Lachen.
Schweißgebadet wacht Kai auf. So ein blöder Traum! Bloß die Mathearbeit morgen - die ist echt! Diesmal darf die Arbeit nicht in die Hose gehen! Zwei Matchboxautos hat ihm die Oma versprochen, wenn es diesmal klappt. Und der Opa will ihm sogar einen neuen Indianer für sein Indianerfort schenken! „Ich muß morgen früh auf dem Schulweg richtig über die großen Pflasterplatten hüpfen", denkt er, „nicht auf die schwarzen Linien treten, immer in die Mitte von dem Stein! Das hilft bestimmt! Und geübt hab' ich diesmal wirklich ganz doll, immer rauf und runter das kleine und das große Einmaleins. Nicht mal ins Schwimmbad bin ich gegangen seit vier Tagen. Diesmal pack' ich's!" denkt er zuversichtlich.
Tief drinnen im Bauch hat er ein gutes warmes Gefühl. Und schon ist er eingeschlafen.
„Guck' mal sein energisches Kinn an", flüstert Mutter, als sie an sein Bett tritt. „Der beißt sich schon durch", grinst Vater.

„Vati ist auch durch die Prüfung gefallen"

„Nur noch fünf Minuten!" hört Michael Mutters Stimme vom Beckenrand her, „dann hast du's geschafft!" Er keucht und prustet. Immer wieder sinkt sein kleiner Po nach unten. Martin ist schon neun. Er schwimmt neben ihm mit schnellen Zügen. Richtig große Wellen macht er. Das Chlorwasser spritzt Michael in die Augen und in den Mund. „Nicht so doll!" will Michael brüllen. Aber er kriegt keinen Ton heraus.

Wenn er es nicht schafft! Die anderen aus der Klasse werden ihn morgen auslachen! Die meisten haben doch schon das Freischwimmerzeugnis! „Bloß nicht aufgeben!" denkt er. „Ruhig atmen, nicht so schnelle Züge machen! Nicht nach unten gucken zum Beckengrund. Da sieht alles so dunkel und unheimlich aus. Er schaut nach oben zu den riesigen Hallenfenstern der Schwimmhalle. Da sind große bunte Netze aufgespannt mit lustigen Sonnenschirmen dazwischen. In den Netzen leuchten die grünen Fischerkugeln. Weiße und graue ausgestopfte Möwen hängen dazwischen fast wie echt. Auf einmal kriegt er Wasser in den Mund. Er prustet, er schluckt, er strampelt verzweifelt. Die Kacheln vom Deckengrund kommen immer näher. „Hilfe!" schreit er.

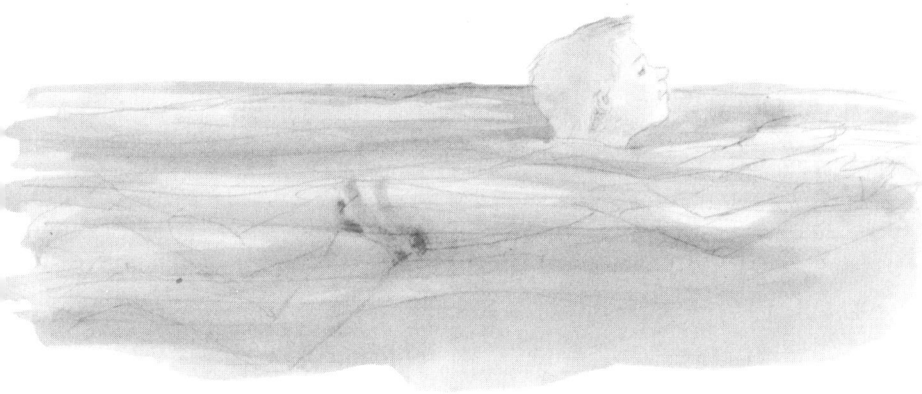

Da ist er aufgewacht. Er setzt sich aufrecht hin. Tief atmet er durch. Dann springt er aus dem Bett, schleudert die Arme zur Seite und macht Schwimmbewegungen mit den Beinen. „Quatsch", sagt er energisch, „ich hab' keine Angst. Ich schaff' das schon. Ehrensache! Und wenn ich's nicht schaffe, mach' ich's in einer Woche noch mal. Jeden Donnerstag kann man das Seepferdchen und das Freischwimmen und Fahrtenschwimmen machen, hat der Schwimmlehrer gesagt. Wenn ich durchfalle, dann dürfen mein großer Bruder und die Schwester mich nicht auslachen. Die sind nämlich bei der Führerscheinprüfung auch durchgefallen, die Susanne bei der theoretischen und Peter bei der praktischen Prüfung. Weil er bei Rot noch über die Kreuzung gefahren ist! Könnte mir nicht passieren! Und Papi ist sogar durchs Abitur gefallen, bloß, das gibt er nicht zu! Das hab' ich neulich abends gehört, als Onkel Erwin und die anderen Freunde so viel Flaschen Bier getrunken haben. Die haben vielleicht gegrölt! Ha, egal, wie's wird, ich pack's!" lacht Michael. Er springt wieder ins Bett.
Als die Mutter nach einer Weile nach ihm schaut, atmet er schon ganz tief und gleichmäßig.

Stimmen

Wenn er nachts nicht schlafen kann,
hört der kleine Fabian
wunderliche Stimmen.
Er hört Lärm und Streiterei
und auch Schreie sind dabei,
die zuletzt verschwimmen.

Manchmal folgt dem Redefluß
gar noch ein Revolverschuß,
manchmal nur ein Lachen.
Western, Krimi, Kabarett,
Fabian in seinem Bett
kann damit nichts machen.

Und so schläft er langsam ein,
läßt das Fernsehn Fernsehn sein,
auch wenn es noch sendet.
Doch im Traum noch hört er fern:
Damit, meine Damen und Herrn,
ist das Programm beendet.

H. Stempel, M. Ripkens

Wenn der große braune Bär kommt

„Kannst du auch nicht schlafen?" fragt Corinna und drückt ihren Schmuseteddybären ganz dicht an ihren Bauch. „Weißt du noch, wie wir vorigen Sonntag mit Mami und Papi im Wald waren? Und Abschlagen und Fangen haben wir gespielt, und wir sind beide so schnell gelaufen, daß sogar Papi uns nicht gekriegt hat. Und Mami hat immerzu gelacht, Papi hat sie nämlich dauernd gekitzelt unter den Armen! Und er hat kein einziges Wort mehr gesagt, daß er den Koffer nehmen und verreisen will. Weg von uns - ganz weit weg! Ach, das war ein toller Sonntag, Teddy, und davon wollen wir jetzt beide träumen!"
Corinna dreht sich auf die Seite. Eine Weile lauscht sie auf die Stimmen aus dem Wohnzimmer. Ein paarmal lacht Vati auf. „So ein Bär! So ein toller Tanzbär!" ruft er. „So was gibt's nur bei den Russen im Moskauer Staatszirkus!" ruft die Mutter. „Und wie er dazu brummt und die Beine hebt!"
Corinna würde am liebsten aus dem Bett hüpfen und auch zuschauen. Aber sie weiß, daß gibt nur Ärger. Bloß keinen Ärger machen, wenn Vater und Mutter gerade so gemütlich beisammensitzen!
Vor ein paar Wochen, da war es schlimm. Da haben sie sich schon morgens beim Frühstück gestritten! Und Vati hat das Frühstücksei auf den Tisch geknallt, daß es einen häßlichen gelben Fleck gab. Und Mutti hat ganz rotgeweinte Augen gehabt.
Corinna richtet sich auf. Da brummt der Teddy. „So, jetzt wird geschlafen, aber wirklich!" sagt sie energisch.
Aber was ist das? Da steht ein großer dunkler Baum mit unheimlich kahlen Ästen in der Zimmerecke. Vom Stamm löst sich ein dunkler Schatten, kommt auf sie zu!
Der Schatten brummt! Ein großer schwerer Bär tappt näher und näher. Er streckt seine Pranken aus. „Mami!" schreit Corinna, „ein Bär, ein Bär! Papi, komm!"
Wie festgewurzelt sind ihre Beine. Sie kann nicht fortlaufen. Sie kann auch nicht mehr schreien.
Da fällt ein Lichtschein herein. Der dunkle Baum und der braune Bär sind verschwunden.

„Was ist denn los?" Vaters Bart kitzelt an Corinnas Backe. Sie spürt Mutters warme Hand auf ihrem Arm.
„Wir sind doch da! Hab keine Angst!" sagt Vater leise. „Wir sind doch beide da!" flüstert Mami. „Wirklich? Alle beide?" fragt Corinna leise.
„Großes Ehrenwort", lacht Vater und drückt ihre Hand.
Corinna guckt die Eltern an, wie sie zusammen an ihrem Bett stehen. Ganz müde werden ihre Augen. Und dann ist sie eingeschlafen.
„Sie lacht im Schlaf!" flüstert Mutter. „Da kommt kein böser Bär mehr!" sagt der Vater und legt seine Hand um Mutters Schultern.

Kapitel 5

Was mach' ich, wenn die Träume kommen?
Von guten und bösen Träumen, von Geistern und Gespenstern

Liebe Eltern!

Manchmal schreien die Kinder nachts. Manchmal erzählen sie von angstvollen Träumen. In Büchern oder Zeitungen heißt es oft, wir sollten die Ängste unserer Kinder ernst nehmen.
Wie macht man das?
Das erste Problem ist, daß wir oft gar nichts von diesen Ängsten wissen und erfahren.
Anfang der 80er Jahre habe ich meine Tochter Verena - damals elf - für eine Rundfunksendung über Kriegsängste der Kinder interviewt. Ich war erschüttert, was ich da alles hörte, von dem ich nicht das Mindeste geahnt hatte. Sie spielte mit ihrer Freundin des öfteren Atomkrieg. Sie malten sich aus, in einen Bunker zu gehen und für 30 (!) Jahre Nahrung und Sauerstofftabletten mitzunehmen usf.
Ich erfuhr, wie wenig ich von meinen Kindern wußte. Offenbar, weil unsere Kinder, die Zwei- und Dreijährigen genauso wie die Zehn- und Zwölfjährigen, uns mit ihren Ängsten nicht belasten, weil sie uns schonen wollen. Unglaublich, wie sehr uns unsere Kinder lieben! Wenn wir es ihnen gleichtun und sie mit ihren Ängsten nicht allein lassen wollen, dann müssen wir fragen, behutsam und einfühlsam fragen.
Und was dann?
Versuchen Sie keinesfalls, gutmeinend, aber falsch, dem Kind die Ängste auszureden. Es hat auch recht, wenn es sich vor dem bewegten Schatten an der Wand fürchtet. Keineswegs ist so etwas lächerlich. Ernst nehmen heißt: Akzeptieren, daß Angst real ist, zu begreifen versuchen, woher sie kommt, dem Kind durch das Gespräch zeigen, daß wir seine Gefühle akzeptieren, sie nicht lächerlich machen, sie ihm nicht ausreden.
Geteilte Angst ist nur noch die halbe Angst.
Da läßt es sich besser schlummern.

Ihr Horst Speichert

Des Nachts im Traum ...

Des Nachts im Traum auf grünem Rasen
beschenken Paul die Osterhasen.
Zwei Eier legen sie gewandt
ihm auf den Arm und unter die Hand.
Am Himmel steht der Mond und denkt:
Ich werde nicht so schön beschenkt.

Christian Morgenstern

Die geträumte Maus

Eines Nachts träumte Markus von einer winzigen weißen Maus; die tanzte auf einer Streichholzschachtel Wiener Walzer. Als sie sich müde getanzt hatte, nagte sie in die Streichholzschachtel ein Loch. Sie schlüpfte durch das Loch in die Schachtel hinein, hockte sich zum Schlafen nieder und begann gräßlich zu schnarchen.
Markus fand die winzige weiße Maus sehr drollig. Noch morgens nach dem Aufwachen war er begeistert von ihr. Deshalb weckte er sofort Kathrinchen und erzählte ihr den Traum.
Kathrinchen ärgerte sich sehr darüber. Sie hatte nämlich in dieser Nacht überhaupt nichts geträumt, und von einer weißen Maus hatte sie noch nie geträumt. Weil sie aber ebenfalls von dieser drolligen weißen Maus träumen wollte, zeichnete sie sich an diesem Tag abends vor dem Schlafengehen eine weiße Maus auf ein Blatt Papier. Sie legte die Zeichnung unters Kopfkissen, drückte das Gesicht fest ins Kissen und dachte solange an die drollige weiße Maus, bis sie einschlief.
Doch leider half das nichts. Auch in dieser Nacht hatte Kathrinchen keinen Traum. Markus hingegen träumte wieder von der drolligen weißen Maus.

In seinem Traum schwamm die weiße Maus auf der Steichholzschachtel über einen See, und als die Streichholzschachtel unterging, hüpfte die Maus geschwind auf den Rücken einer Ente. Da erschrak die Ente so sehr, daß sie laut schnatternd auf und davon flog, über den See, über Wiesen und Wälder hinweg, weit fort bis nach China. Die winzige weiße Maus aber saß während des ganzen Fluges sicher auf dem Rücken der Ente und schaute sich vergnügt die Gegend an. Markus sagte am nächsten Morgen zu Kathrinchen: „Es war eine ganz wunderbare Reise!"
Kathrinchen war bitter enttäuscht. Wahrscheinlich liegt es ganz allein an den Betten! dachte sie. Nur in seinem kann man von der winzigen weißen Maus träumen! In meinem dummen Bett geht das einfach nicht! Und so bat sie den Bruder, in der kommenden Nacht das Bett mit ihr zu tauschen.
Markus wollte das erst nicht. Als Kathrinchen ihm aber dreißig Murmeln und elf Zitronenbonbons dafür bot, war er sofort mit dem Tausch einverstanden. „Doch nur für eine Nacht!" sagte er. „Dann will ich wieder von der weißen Maus träumen!"
An diesem Tag konnte Kathrinchen kaum erwarten, bis der Abend kam. Sie ging eine ganze Stunde früher schlafen als sonst, und kaum lag sie im Bett des Bruders, war sie schon eingeschlafen.
Aber sie hatte die Murmeln und die Zitronenbonbons umsonst geopfert. Auch in dieser Nacht träumte sie nichts. Leider. Markus hingegen träumte auch in dieser Nacht von der winzigen weißen Maus.
Diesmal spielte die weiße Maus mit einem Meerschweinchen Verstecken. Dabei fiel sie unglücklicherweise in ein offenes Tintenfaß hinein, und als sie herauskletterte, war sie kohlrabenschwarz. „Ich hätte mich totlachen können darüber!" sagte Markus am nächsten Morgen, nachdem er Kathrinchen diesen Traum erzählt hatte.
„Du bist ekelhaft!" entgegnete Kathrinchen mit Tränen in den Augen. „Du solltest diese Nacht doch gar nicht von ihr träumen! Ich wollte das diesmal! So war es doch ausgemacht!"
Doch Markus hob nur die Schultern. Er sagte: „Träume kann man ja nicht einfach abbestellen. Entweder kommen sie oder sie kom-

men nicht. Zudem gibt es wirklich nichts Drolligeres als diese winzige weiße Maus. Nein, nein, ich mag von nichts anderem träumen!"
Da war Kathrinchen so wütend, daß sie den ganzen Tag über kein Wort mit dem Bruder sprach. Sie träumte aber in der kommenden Nacht von einer schwarzen Katze, die überall in der Stadt herumlief und weiße Mäuse fing. Dieser Traum machte ihr großen Spaß.
Als sie am nächsten Morgen erwachte, sah sie Markus traurig im Bett sitzen. „Hast du diese Nacht wieder von der winzigen weißen Maus geträumt?" erkundigte sie sich.
„Nein", antwortete Markus niedergeschlagen. „Ich hab sie im Traum überall gesucht. Doch ich hab sie nicht finden können!"
„Kein Wunder!" sagte Kathrinchen und erzählte ihren Traum. Sie sagte: „Bestimmt hat die schwarze Katze, von der ich geträumt habe, deine weiße Maus aufgefressen! Ja, mein Lieber, das kommt davon, wenn man anderen nichts gönnt!"

Günther Spang

Wenn Maja traurig ist

Manchmal hat Maja mit Mama und Papa Streit, weil die sie einfach nicht verstehen.
Dann läuft sie in ihr Zimmer.
Zusammen mit dem Teddy setzt sie sich in eine Ecke und träumt.

Maja träumt, daß vor ihrem Fenster ein großer, bunter Ballon auftaucht. Am Ballon hängt ein Korb.
Der Teddy kommt auch mit.
Dann fliegen Maja und der Teddy mit dem Ballon davon.

Höher und höher fliegt der Ballon mit Maja und dem Teddy.
Unter ihnen liegen das Haus, in dem Maja wohnt, und die ganze Stadt.
Wenn Mama und Papa jetzt aus dem Fenster zu Maja hinaufschauen würden, so könnten sie Maja nur als ganz kleinen Punkt am Himmel sehen.
Ob Mama und Papa wohl sehen würden, wenn Maja ihnen jetzt zuwinkt?

Plötzlich geht die Tür zum Kinderzimmer auf. Mama und Papa schauen ganz vorsichtig hinein.
„Hallo Maja", sagen sie. „Wollen wir uns wieder vertragen?"
Maja überlegt, dann fragt sie den Teddy.
„In Ordnung", sagt sie. „Wenn ihr wüßtet, wo Teddy und ich gewesen sind."

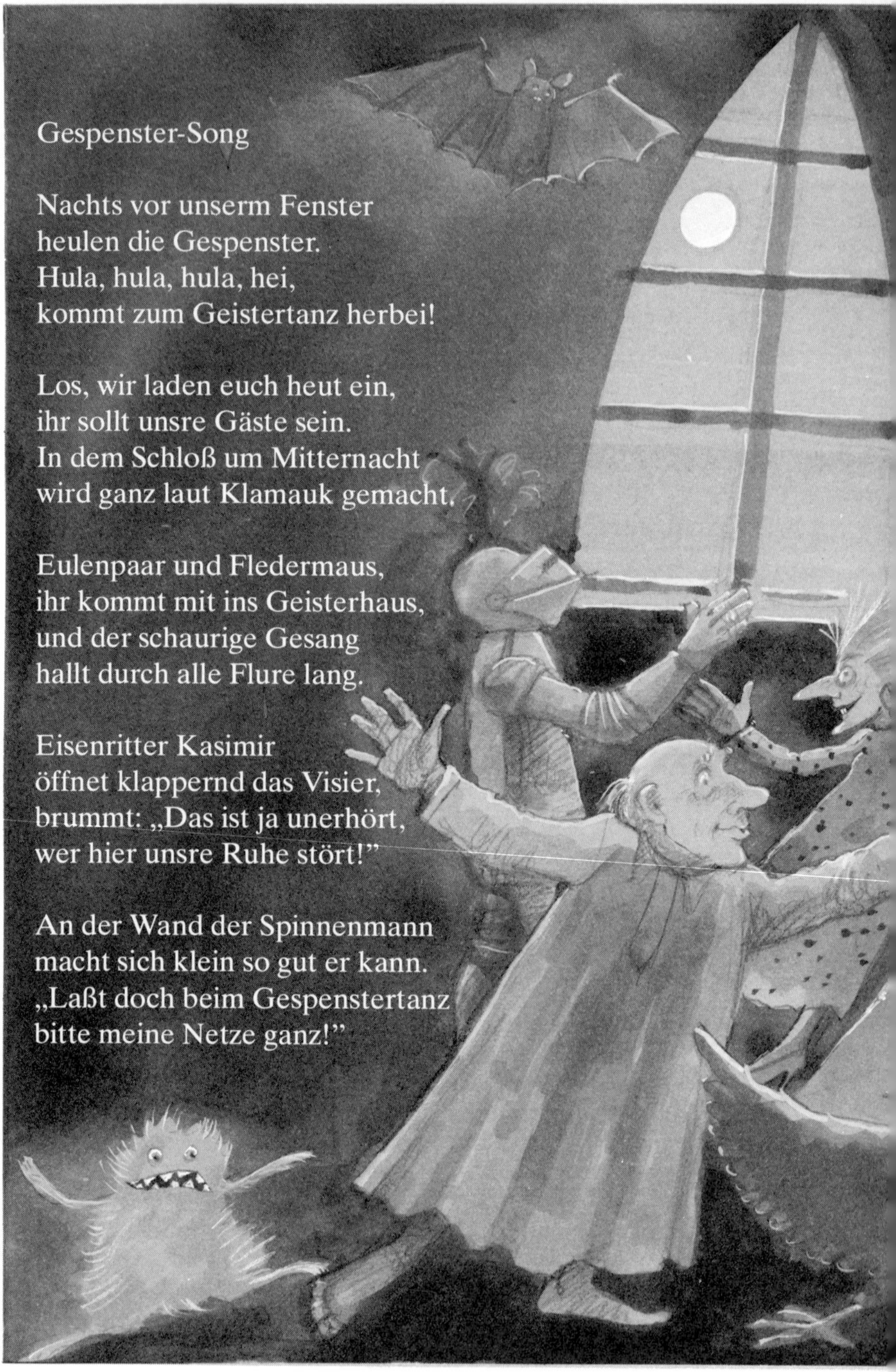

Gespenster-Song

Nachts vor unserm Fenster
heulen die Gespenster.
Hula, hula, hula, hei,
kommt zum Geistertanz herbei!

Los, wir laden euch heut ein,
ihr sollt unsre Gäste sein.
In dem Schloß um Mitternacht
wird ganz laut Klamauk gemacht.

Eulenpaar und Fledermaus,
ihr kommt mit ins Geisterhaus,
und der schaurige Gesang
hallt durch alle Flure lang.

Eisenritter Kasimir
öffnet klappernd das Visier,
brummt: „Das ist ja unerhört,
wer hier unsre Ruhe stört!"

An der Wand der Spinnenmann
macht sich klein so gut er kann.
„Laßt doch beim Gespenstertanz
bitte meine Netze ganz!"

Geisteropa Willibald
schwenkt sein Nachthemd, ihm ist kalt.
Oma Ida hebt das Bein,
heizt beim Tanz ihm tüchtig ein.

Nun zum großen Mahl herbei,
Schlangenhaut und Hexenbrei.
Krötenfett und Mäusechor,
dazu singen wir im Chor.

Durch das Fenster scheint der Mond,
denkt: Das ist ganz ungewohnt.
Sind die Ritter aufgewacht?
Lärmen sie zur Mitternacht?

Horch - da schlägt's vom Turm, o Graus,
schon ist unsre Fete aus.
Trinkt noch mal vom Geisterwein,
dann gehts in die Nacht hinein.

Nachts vor unserm Fenster
heulten die Gespenster.
Hula, hula, Geisterhaus,
nun ist die Geschichte aus.

Hast du auch mal Träume?

Wie Robinson auf einer Insel leben,
denn von der Schule habe ich
schon lang die Nase voll!
Ja - das wär' toll!

Als Kapitän auf sieben Meeren segeln
und an der Südseeinsel dann
mal so vor Anker gehn!
Mensch - das wär schön!

Wie ein Artist durch Zirkuszelte fliegen
und Weltmeister im Boxen sein,
als Sieger dann im Ring!
Das wär'n Ding!

Als Kommissar die fetten Brocken schnappen
und schalten mit 'nem Superhirn.
Das wär' vielleicht ein Spaß!
Da staunste - was?

Als Astronaut durch Weltenräume fliegen,
und auf dem Jupiter und Mars
wag ich den ersten Schritt!
Mensch - nehmt mich mit!

Wenn es dunkel wird

Als es dunkel wurde, kam die Mutter aus dem Haus und rief: „Es wird Abend, Kinder. Räumt eure Wagen und Dreiräder auf und kommt ins Haus!"
Michael, der das nicht gern hörte, erwiderte: „Ich will nicht, daß die Nacht kommt, ich möchte weiterspielen!"
„Ich mag noch nicht ins Bett gehen", schrie David.
Peter aber sagte gar nichts. Er sah, daß die Sonne vom Himmel verschwunden war und wie es unter den Bäumen finster wurde. Da beeilte er sich, stellte sein Dreirad in den Schuppen und lief zur Mutter, die vor der Haustür wartete.
„Gehen wir nach Hause", sagte er.
„Gleich, gleich", antwortete die Mutter, „wir wollen noch auf die anderen warten."
Nach kurzer Zeit kamen sie, und alle gingen nun ins Haus. Peter drehte das Licht an. Zuerst im Hausflur, dann im Treppenhaus, dann im Kinderzimmer. Überall, wo er hinging, drehte er das Licht an. Dann wurde gebadet und gegessen. Vater und Mutter mußten

noch Geschichten erzählen, und nach dem Gute-Nacht-Kuß krochen sie in die Betten. Zuerst drehte Vater im Zimmer der Mädchen das Licht aus und sagte: „Gute Nacht, ihr beiden!" - „Gute Nacht", antworteten Judith und Barbara. Dann drehte Vater das Licht im Jungenzimmer aus. „Gute Nacht, ihr Lauser!" - „Gute Nacht", erwiderten David und Michael.
Dann kam Vater in Peters Zimmer; Peter hatte ein kleines Zimmer für sich allein. Er lag im Bett, zugedeckt bis ans Kinn. „Vati, bitte mach das Licht nicht aus!" bat er verzagt.
Der Vater war erstaunt. „Warum, Peter", fragte er, „warum soll ich das Licht nicht ausmachen?"
„Weil ich nicht will, daß das Dunkel in mein Zimmer kommt", antwortete Peter. Er sprach so, daß der Vater ihn kaum verstehen konnte.
„Aber Peter, hast du denn Angst vor der Dunkelheit?" fragte er.
„Ja!" flüsterte Peter ganz, ganz leise.
Vater setzte sich auf einen Stuhl neben dem Bett und dachte eine Weile nach und sagte: „Paß auf, Peter! Als ich noch ein kleiner Junge war wie du, da hatte ich auch Angst vor der Dunkelheit."
„Und jetzt, jetzt hast du keine Angst mehr?", fragte Peter.
„Nein", antwortete der Vater, „jetzt brauche ich keine Angst mehr zu haben. Ich weiß, was das Dunkel ist."
„Was ist es denn?" fragte Peter.
„Die Sonne geht weg, damit wir ruhig schlafen können", sagte der Vater. „Wenn die Sonne nicht wegginge, dann könnten wir auch nicht schlafen, weil es zu hell wäre. Wenn wir nicht schlafen könnten, dann könnten wir auch nicht spielen und arbeiten, weil wir zu müde wären. Auch die Tiere und Pflanzen wären zu müde und könnten nicht wachsen. Deshalb geht die Sonne jeden Tag unter und läßt uns im Dunkel schlafen."
„Und das ist alles?" fragte Peter.
„Das ist alles", erwiderte der Vater. „Soll ich jetzt das Licht ausdrehen?"
„Ja", sagte Peter, und gleich darauf schlief er schon, und die gute, stille Dunkelheit hüllte ihn ein.

Pearl S. Buck

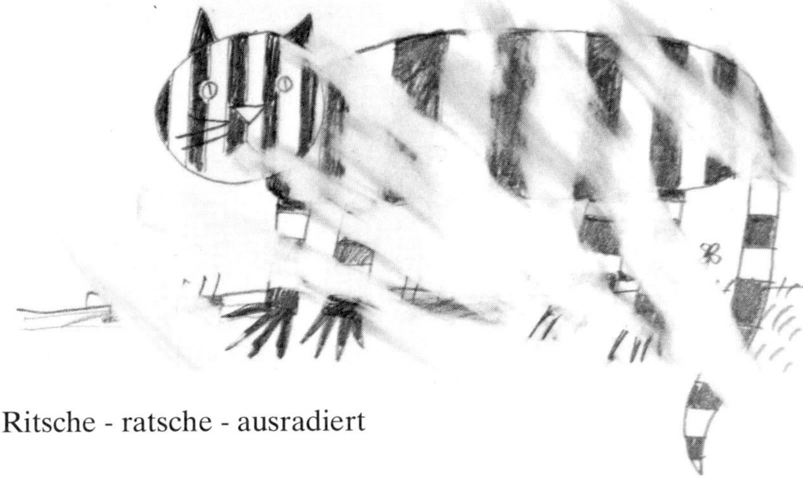

Ritsche - ratsche - ausradiert

Es war einmal, es war einmal
ein gelbgestreifter Tiger.
Manchmal schnurrte er zufrieden,
war ganz lieb und gab die Pfoten.
Doch dann konnte wild er fauchen.
Anfassen, das ist verboten!

Dann schlich er sanft durchs Kinderzimmer
über Steine, Pferde, Wagen,
spielte mit den Teppichschnüren
und mit meinen vielen Tieren,
biß den Teddy mal ins Ohr,
sprang zum Fensterbrett empor.
Doch einmal - da hat er mich nachts geweckt,
da bin ich aus dem Schlafe geschreckt.
Da stand er vor mir - riesengroß
und biß mich ins Bein und ließ mich nicht los.
Warte Tiger, aus ist das Spiel,
das ist mir einfach doch zuviel!
Ritsche - ratsche - da hat er's nicht wieder probiert,
ich hab ihn nämlich - ausradiert!

Von lautlosen nächtlichen Fliegern

Heute war Michael bei einem Kindergeburtstag eingeladen. Den ganzen Nachmittag haben sie gespielt und getobt. „Das war toll, Mami", sagt er, „abends sind wir mal ganz lange mit der Laterne gegangen, bis zum Waldrand und zurück. Da hab ich zum ersten Mal in der Dunkelheit eine Eule fliegen sehen. Das sah ganz unheimlich aus. Und geschrien hat sie - uhu - schu - schu - das klang wie Gespensterheulen."

Als Michael abends im Bett liegt, kann er gar nicht einschlafen. Mutter will das Licht ausknipsen, aber er ruft ganz aufgeregt: „Laß das Licht noch brennen, Mami! Ich gab Angst, daß am Fenster die Eulen mit ihren glühenden Augen auftauchen! Vielleicht picken sie mit ihrem scharfen Schnabel ans Fenster!" -

„Die Eule ist ein sehr scheuer Nachtvogel", sagt die Mutter.

„Sie meidet das Licht, und vor Menschen hat sie bestimmt Angst. Sie wird sich gar nicht in die Nähe unserer Häuser wagen. Sie fliegt lautlos über den Waldboden oder über die Wiesen und hält vor allem nach Mäusen Ausschau. Sie hat ein seidenweiches Gefieder, das ist ganz unauffällig gefärbt. Mit den spitzen Krallen und dem Hakenschnabel fängt sie die Mäuse. Alles, was unverdaulich ist, Haare, Federn und Knochen würgt sie wieder aus. So ein Gewölle können wir im Wald finden. Weil die Eulen so fleißige Mäusejäger sind und das ganze Jahr über nicht fortfliegen, sind sie bei uns auch geschützt."

„Gut, daß du mir das alles erzählt hast, Mami", sagt Michael, „dann hat die Eule bestimmt mehr Angst vor mir als ich vor ihr. Ich glaube, nun träume ich auch nicht mehr von ihr."

„Wenn du wirklich mal einen Eulenruf in der Nähe hörst, brauchst du auch keine Angst zu haben", sagt die Mutter, „da lockt das Eulenmännchen sein Weibchen an. In der Dunkelheit können sie sich gar nicht anders finden. Sie haben nämlich auch keine Nester. Ihre Eier legen sie auf den Boden ihres Verstecks in alten Turmgewölben oder in Baumhöhlen."

„Hu, hu, hu," lacht Michael und zieht die Bettdecke hoch, „ich hab keine Angst, graue Eule du, hu, hu!"

Wenn's nachts mal spukt

Sag, kennst du das, wenn's nachts mal spukt?
Der Fensterflügel knarrt.
Ob da 'ne Mi-Ma-Mausemaus
wohl hinterm Schranke schnarrt?

Ich atme kaum und rühr' mich nicht,
ich liege mäuschenstill.
Ich stell' mir vor, dort unterm Bett,
da schnarcht ein Krokodil.

Vielleicht ein frecher Kitzelgeist,
der kitzelt mich, o - ho!
Der zieht mir gleich die Decke weg,
und zwickt mich in den Po.

O - kauert kichernd unterm Stuhl
die Hexe Kakadu?
Die klaut mir heute nacht wohl noch
die neuen Sonntagsschuh!

Vielleicht schnappt sie sich auch ein Tier
von meinem Spielzeugbord.
Und fliegt mit meinem Lieblingsbär
durch dunkle Wolken fort.

Jetzt denk' ich, ich muß mutig sein,
ich lang' zum Nachttischlicht.
Mit einmal ist die Stube hell!
Hurra! Ich fürcht' micht nicht!

Ich hol' den Tennisschläger her,
jetzt bin ich stark - oho!
Bewaffnet wie mit einem Schwert
zieh' mutig ich aufs Klo.

Drei Hiebe quer durchs Zimmer dann,
nun ist der Spuk gebannt.
Nur einer kommt mit leiser Hand -
der Sandmann, der streut Sand.

Die Heinzelmännchen zu Köln

Wie war zu Köln es doch vordem
mit Heinzelmännchen so bequem!
Denn war man faul, man legte sich
hin auf die Bank und pflegte sich:
Da kamen bei Nacht,
eh' man's gedacht,
die Männlein und schwärmten
und klappten und lärmten
und rupften und zupften
und hüpften und trabten
und putzten und schabten.
Und eh' ein Faulpelz noch erwacht'
war all sein Tagewerk bereits gemacht.
Die Zimmerleute streckten sich
hin auf die Spän' und reckten sich.
Indessen kam die Geisterschar
und sah, was da zu zimmern war,
nahm Meißel und Beil
und die Säg' in Eil';
sie sägten und stachen
und hieben und brachen,
berappten und kappten,
visierten wie Falken
und setzten die Balken.
Eh' sich's der Zimmermann versah,
klapp, stand das ganze Haus schon fertig da!

Beim Bäckermeister war nicht Not,
die Heinzelmännchen backten Brot.
Die faulen Burschen legten sich,
die Heinzelmännchen regten sich -
und ächzten daher
mit den Säcken schwer!
Und kneteten tüchtig
und wogen es richtig
und hoben und schoben
und fegten und backten
und klopften und hackten.
Die Burschen schnarchten noch im Chor,
da rückte schon das Brot, das neue, vor!

Beim Fleischer ging es just so zu:
Gesell' und Bursche lag in Ruh'.
Indessen kamen die Männlein her
und hackten das Schwein in die Kreuz und Quer.
Das ging so geschwind
wie die Mühlen im Wind!
Die klappten mit Beilen,
die schnitzten an Speilen,
die spülten und wühlten
und mengten und mischten
und stopften und wischten.
Tat der Gesell' die Augen auf,
wapp, hing die Wurst schon da im Ausverkauf!

Beim Schenken war es so: Es trank
der Küfer, bis er niedersank;
am hohlen Fasse schlief er ein.
Die Männlein sorgten um den Wein
und schwefelten fein
alle Fässer ein.
Und rollten und hoben
mit Winden und Kloben
und schwenkten und senkten
und gossen und panschten
und mengten und manschten.
Und eh' der Küfer noch erwacht',
war schon der Wein ganz fein gemacht!

Einst hatt' ein Schneider große Pein:
Der Staatsrock sollte fertig sein -
warf hin das Zeug und legte sich
hin auf das Ohr und pflegte sich.
Da schlüpften sie frisch
auf den Schneidertisch;
und schnitten und rückten
und nähten und stickten
und faßten und paßten
und strichen und guckten
und zupften und ruckten,
und eh' mein Schneiderlein erwacht',
war Bürgermeisters Rock - bereits gemacht!
Neugierig war des Schneiders Weib
und macht' sich diesen Zeitvertreib:
Streut' Erbsen hin die andre Nacht.
Die Heinzelmännchen kommen sacht;

eins fährt nun aus,
schlägt hin im Haus;
die gleiten von Stufen
und plumpsen in Kufen,
die fallen mit Schallen,
die lärmen und schreien
und vermaledeien!
Sie springt hinunter auf den Schall
mit Licht: Husch-husch-husch-husch! -
verschwinden all!

O weh, nun sind sie alle fort,
und keines ist hier mehr am Ort.
Man kann nicht mehr wie sonsten ruhn,
man muß nun alles selber tun!
Ein jeder muß fein
selbst fleißig sein
und kratzen und schaben
und rennen und traben
und schniegeln und bügeln
und klopfen und hacken
und kochen und backen.
Ach, daß es noch wie damals wär'!

Doch kommt die schöne Zeit
nie wieder her!

Kapitel 6

...die kleinen Arme werden schwer
Autogenes Training mit Kindern

Entspannungsgeschichten

Liebe Eltern!

Die Unruhe und Hast unseres Lebens ist eine Last nicht nur für uns Erwachsene, sie ist auch eine schwere Hypothek für die Kinder.
Natürlich macht Streß auch Spaß, es ist toll, seine Grenzen zu erproben. Aber nur, wenn wir auch Phasen der Selbstbesinnung, des Zu-einem-selber-Findens kennen.
Das autogene Training hilft dabei. Es zeigt uns die wundersame Wechselwirkung zwischen den Fantasien, die wir in unserem Kopf entfalten, und dem Körper, der wir sind.
Wenn wir ruhig auf dem Rücken liegen, richten wir unsere Aufmerksamkeit zunächst auf den rechten Arm und sprechen uns die Formel vor: „Mein rechter Arm ist schwer, ganz schwer ist mein rechter Arm" usw. Die Fantasie wandert zum linken Arm, zum Nacken, zum Rücken, zum linken Bein, zum rechten Bein. Alles wird ganz schwer. Dann wiederholen wir die Wanderung mit der Formel: „Mein rechter Arm ist strömend warm", „mein linker Arm" usw.
*Nach einigen Wiederholungen ist unser Körper ganz schwer, und wir fühlen uns wohlig warm.**

Die Geschichten dieses Kapitels benutzen die Erkenntnisse des autogenen Trainings. Die Kinder können sich mit den handelnden Personen identifizieren. Und so machen sie auch die Beruhigungs- und Entspannungsformeln mit.
Diese Geschichten empfehlen wir Ihnen vor allem dann, wenn die Kinder einen besonders aufregenden Tag hatten. Allerdings: Vor dem Vorlesen ist es wichtig, noch einmal über das zu reden, was so aufregend war. Und - keine Angst - wenn noch Tränen fließen, ist das die ganz notwendige Entspannung, die Ihrem Kind noch gefehlt hat.

Gute Nacht!
Ihr Horst Speichert

* *Weitere Informationen finden Sie in: Friedrich/Friebel „Entspannung für Kinder" aus der Reihe „Mit Kindern leben", Rowohlt-Taschenbuchverlag, Reinbek.*

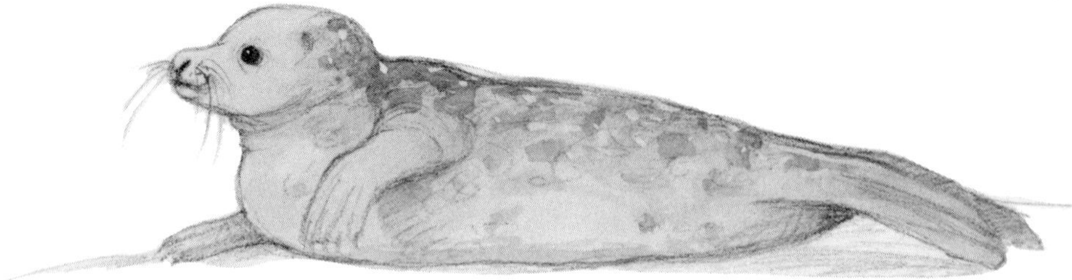

Der singende Seehund

Es war einmal ein kleiner Seehund, Robby mit Namen, der unternahm zum ersten Mal mit seiner Mutter ein großes Ausflugsschwimmen. „Robby", sagte die Mutter, „paß auf, daß du mir folgst. Die Welt ist gefährlich. Du mußt lernen, wie sie aussieht. Meeresungeheuer können dich verschlingen. Harpunen von Menschen dich treffen. Auch mußt du dir deine Nahrung besorgen." Sprach's und schoß davon. Robbys Herz schlug ganz aufgeregt vor Glück und Erwartung. Das war sie also, die Meereswelt. Er sah die vielen bunten Krebse, Korallen, den dicken Hummer, viele lange und farbenschimmernde Fische. Er sah die grüne Algenwiese, den Seetang, entdeckte den Muschelberg, die Traumsteine am Meeresgrund und alles das, was ihm die dicke Flunder berichtet hatte, die Kinderfrau der kleinen Fische. Robby kam ins Träumen. Im grüngelben Licht der Sommersonne, die ins Meer schien, machte er einen Augenblick die Augen zu. Aber o weh, als er die Augen wieder aufmachte, war seine Mutter verschwunden. So laut er auch bellte und schließlich heulte, er konnte sie nicht entdecken. Da schwamm er mit langen Zügen seiner Insel zu. Er meinte, daß die Richtung stimmte. Aber es kam anders. Robby schwamm und schwamm und schwamm, bis nach langer Zeit, waren es Stunden, Tage, er wußte es nicht, er erschöpft auf einer Palmeninsel landete. Einer Trauminsel im Meer, auf der er sofort einschlief, so müde war er.

Als er aufwachte und sich so alleine fand, einsam und hungrig, fing er an zu weinen. Aber schon nach wenigen Tönen hielt er mit seinem Seehundheulen inne. Während ihm noch die dicken Tränen übers Gesicht liefen, spürte er eine Veränderung. „Huuuuhhhh" -

seine Heultöne waren schön, sie klangen lieblich. „Huuuuhhhh" - es war ein Singen, das wurde ihm klar. Und sofort sang er in allen Tönen: zärtlich, sehnsuchtsvoll, so eindringlich, daß von allen Seiten die Tiere des Meeres und mit ihnen die Meertöchter auftauchten.
„Huuuhuhuhuhhuhuhhuhuhuhuhuhuhuhuhuhuhuhuhuhuhuhu."
Die Meermädchen hatten Algenkränze in ihren Haaren, verziert mit bunten Muscheln. Der dicke Hummer spielte sofort die Baßgeige. Die Krebse machten Scherenmusik, und die Fische tanzten einen rhythmischen Reigen, obwohl man immer behauptet, sie könnten nichts hören. Das war auf dieser Trauminsel alles anders.
Robby sang und sang, bis das ganze Meer rings um die Insel herum in Aufruhr war. Alle sangen und spielten mit. Es war ein Singfest geworden.
Robby sang, bis er ganz müde war. Dann fiel er in den Schlaf für viele Stunden. Noch schlafend spürte er, daß etwas an ihm und in ihm geschah. Erinnerungen stiegen auf von einer Seehundbank, seiner Mutter, seinen Geschwistern. Und als er aufwachte, konnte er denken. Er vergaß das Singen für eine Weile und dachte. Immer wieder fiel er in einen Denkschlaf. Schließlich sang er sehnsuchtsvoll seine Gedanken an die frühere Zeit.
Wieder hörten die Meerestiere zu. Die Meerestöchter streichelten ihn, da wurde das Denken noch intensiver.
Der denkende Seehund hatte Wünsche, die er nicht in Worte fassen konnte, sosehr er sich auch bemühte.
Poseidon, der Meeresgott, wußte Rat. Als die Meerestöchter ihm, dem Meeresgott, die Robby-Geschichte erzählten, sagte er: „Dem Robby fehlt eine Seehundfrau. Robby ist alt genug. Er kann nicht mehr alleine sein. Er brauchte eine Frau." Er schickte die Meermädchen mit einem Zaubernetz aus, Robbine zu suchen.
Alle Meeresbewohner halfen dabei. Sie waren ganz still. Und als der Mond über das Wasser glänzte, fanden die Meermädchen die schlafende Robbine auf der Schlafinsel im Meer. Sie wurde geweckt, ins Netz gelockt, und Robbine, die herausschwimmen wollte, schwamm und schwamm, immer weiter in dem Netz, das sich schnell vor ihr herbewegte, bis sie endlich die Insel mit dem singenden, denkenden Seehund Robby erreichte.

Da zogen die Meertöchter das Netz ein. Robbine bestaunte Robby, und er bestaunte Robbine. Und dann fielen sie sich glücklich in ihre Seehundflossen und tanzten einen Reigen. Das Meeresorchester fiel harmonisch ein.
Noch am selben Tag wurde die Hochzeit gefeiert. Das war ein Fest: ein Wiegen, ein Wogen. Robby und Robbine wurden von den Wellen geschaukelt, in die Höhe geschleudert. Dabei waren sie sehr glücklich. Das Hummerorchester war angetreten. Die Meeressinfonie wurde von Muscheltönen eingeleitet. Auf und ab, fern und nah klangen musikalische Ausrufungszeichen: aaa - eee - iii - ooo - uuu. Als Festschmaus gab es Meerwein, Algensalat und Hummermayonnaise mit Krabbenfilet, alles sehr delikat.
Als der Vollmond am Himmel stand und das Meer in tausend Farben sprühte und weit leuchtete, waren Robby und Robbine Mann und Frau. Sie legten sich zur Ruhe nieder und mit ihnen alle, die gefeiert hatten. Die Meermädchen schwebten schlafend in der See. Die Hummer hatten sich in den Sand gebuddelt. Die Fische lagen ruhig im Wasser. Das Meer war glatt und spiegelnd. Nur der Wind säuselte noch seine Geschichten über das, was er gehört und gesehen hatte. Dabei berichtete er von den Seehundbänken vor Sylt und vom Norden der Meere, von den vielen Seehunden, die dort beheimatet waren.

Im Schlaf des singenden, denkenden und liebenden Seehundes Robby und seiner Frau Robbine stiegen Bilder auf. Die beiden träumten von fernen heimatlichen Zonen. Daher konzentrierten sie sich in den nächsten Tagen sehr auf das Denken, ohne zu wissen, was dabei herauskam.
Immer wieder lagen sie still, versonnen, ruhig, gelöst und entspannt am Strand, schauten in den Himmel, auf das grün-goldig schimmernde Wasser und warteten auf etwas. Sie konnten nicht einmal sagen, auf was. Von Zeit zu Zeit schlossen sie die Augen. Hörten auf das Brausen des Meeres, waren still und ruhig und dachten. Vollkommen ruhig, gelöst, entspannt versanken die beiden in der Stille des Denkens.
Robbine hatte inzwischen alles gelernt, was Robby vorher schon konnte: singen und denken. Und da sie von der Schlafinsel kam, konnte sie sogar im Schlaf denken, und dabei kam dann auch alles heraus: Robbine erkannte die Sehnsucht nach der Heimat, nach den Artgenossen und versuchte das Land ihrer Väter im Traum zu sehen.
Sie sah und erkannte Brüder und Schwestern und den alten König der Seehunde. Dieser schaute mit einem Seehundfernrohr und einem bestimmten Seehundblick in die Ferne und wartete auf einen Nachfolger.
Robbine hörte im Traum das Rufen. „Kommt, kommt bald, ich bin schon alt!" Selbst aus dem Meer kam dieser Ruf als Echo zurück. Poseidon beschloß wieder einmal, der Sippe der Seehunde zu helfen. Wer konnte ein Volk besser regieren, als ein singender, denkender, sprechender, liebender Seehund. Poseidon versprach, Robby und Robbine auf der weiten Reise beizustehen.
Die beiden erkannten ihren Auftrag und beschlossen, die Insel des Friedens, Singens und Denkens zu verlassen und das Land der Väter aufzusuchen.
„Meine Meermädchen geben euch das Geleit", sagte Poseidon. „Das Meer flutet euch in die Richtung zur Heimat. Das Meeresorchester spielt zum Abschied. Wenn ihr mit Mut durch die dunklen Gründe schwimmt, durch die noch kein Sonnenstrahl gedrungen ist, habt ihr es geschafft. Da allerdings seid ihr allein. Robby, ich rate dir zu singen. Denkt dabei, 'wir kommen sicher nach Hause',

und keines der in den dunklen Gründen lebenden Ungeheuer kann euch etwas anhaben. Denkt, 'wir sind mutig, sicher und frei'."
Nach diesen Worten wurden die Wellen des Meeres hochgepeitscht. Die Schwanzschläge der Ungeheuer sollten Robby und Robbine erschrecken. Sie aber sprangen mutig ins Meer. Im gleichen Augenblick spielten alle Meeresinstrumente den Abschiedsgruß. Dann war es still. Vollkommen ruhig, konzentriert still.
Friedvoll schwammen Robby und Robbine der Heimat zu. Kaum störte sie das Rollen in der Tiefe des Meeres. Auch behielten sie im schwärzesten Wasser die Richtung bei. Sie schwammen unbeirrt, mutig ihren Weg, voller Vertrauen, das Ziel zu erreichen.
Und das Ziel erreichten sie schneller, als sie gedacht hatten.
Am Morgen des siebenten Tages brach flutendes Sonnenlicht durch die Dunkelheit, und in der Abendsonne dieses Tages erreichten Robby und Robbine ihre Heimat.

Auf einer Seehundbank vor Sylt lagen und saßen viele Seehunde. Sie bellten zornig auf, als sie die Neuankömmlinge erblickten und wollten ihre Landung verhindern.
Aber der älteste Seehund ging ihnen entgegen mit den Worten: „Nun kommt ihr endlich, ich habe euch erwartet." Robby erkannte seinen Vater, den König der Seehunde, und seine Mutter, die den König begleitete. Er sprach und sang so gut, so schön, daß sich alle Seehunde um ihn scharten.
Nach dem Abschied des alten Königs wählten deshalb alle Seehunde Robby zum neuen König und Robbine zur Königin. Denn einen so klugen, singenden, denkenden, liebenden und über der Situation stehenden Seehund hatten sie noch nicht zum König gehabt.
Alle Seehunde feierten ein großes Fest. Sie robbten, tanzten und sangen. Sie waren glücklich und froh.
Als der Vollmond am Himmel stand, und wiederum das Meer weit hinausglänzte, fielen alle Seehunde in einen glücklichen Schlaf.

Die Geschichte von dem schönen gelben Schmetterling

Es war ein warmer heller Sommertag. Da flog ein schöner gelber Schmetterling über einer Bergwiese hin und her.
„Wie der Thymian und die Kamillen duften!" dachte der Schmetterling. „Und der rote Klee erst! Und dort der gelbe Hahnenfuß am Rande des Bergbachs! Ich weiß gar nicht, in welche Blüte ich zuerst meinen Rüssel stecken soll!"
Er setzte sich auf einen bemoosten Stein und breitete die Flügel aus. Die Sonne wärmte ihn. Wohlig und zufrieden hockte er dort. Auch dir ist jetzt ganz wohlig und zufrieden zumute. Bis in die Fußspitzen hinein spürst du die Wärme. Auf dem Bauch und im Rücken ist es dir warm, als ob die Sonnenstrahlen dich ganz durchströmen. Der Schmetterling hob und senkte seine Flügel. Auch deine Brust hebt und senkt sich ganz langsam, wenn du atmest. Du kannst jetzt ruhig einschlafen und von der großen bunten Sommerwiese träumen. Vielleicht riechst du den Duft der Sommerblumen und des Grases. Du siehst die Schwalben über dir. Sie lassen sich vom Bergwind in langen ruhigen Schwüngen über die Wiese tragen, die Flügel weit ausgebreitet.
Du bist ganz ruhig; nur von weitem rauscht der Bergbach - immer leiser - immer leiser.

Wenn das Kind noch nicht eingeschlafen ist: Fortsetzung

Nach einer Weile dachte der Schmetterling: „Nun will ich mir die schönste Blüte aussuchen!" Er taumelte über die Wiese. „Dort drüben, die rote Feuerlilie, die muß zu meinem gelben Kleid passen!" meinte er.

Feuerlilie, ich seh dich winken,
laß mich von deinem Nektar trinken!

rief der Schmetterling. Aber gerade, als er herabflattern wollte, spürte er über sich einen dunklen Schatten.

Die große alte Krähe war's, die mächtigen Hunger hatte. So ein kleiner Schmetterling war zwar ein winziger Leckerbissen, aber besser als gar nichts. Mit schweren ungelenken Flügelschlägen und lautem Kra-kra stürzte sie sich herab.

Da rief die große gelbe Königskerze ganz laut:

Kriech in die Blüte, aber schnell
und rühre dich nicht von der Stell!
In gelben Blättern sieht man dich nicht,
dann fliegt vorbei der Bösewicht!

So schnell er konnte, verschwand der gelbe Schmetterling in einer weit geöffneten Blüte der Königskerze. Ganz still saß er da.

Mit ärgerlichem Krächzen zog die Krähe vorüber.

Eben war er noch da!
Der gelbe Kerl - kränkerer!

Der gelbe Schmetterling aber saß ganz still in der Blüte. „Ich danke dir!" sagte er leise. Er streckte seinen Rüssel tief in die duftende Blüte hinein und trank. Ganz müde wurde er dann. Er kuschelte sich in die weichen Blütenblätter und schlief ein.

Auch du bist jetzt ganz müde. Du kuschelst dich in deine Kissen. Draußen wird es dunkler wie auf der schönen Bergwiese. Der Mond zieht auf und die Sterne. Du machst die Augen zu und träumst von dem schönen gelben Schmetterling in der weichen Blütenhülle. Ganz tief und schwer geht dein Atem. Nun schläfst du ein.

Die Geschichte von dem kleinen Delphin

Es war einmal ein wunderschöner Delphin. Der schwamm durch das weite große Meer. Er konnte hoch aus dem Wasser springen, aber auch ganz tief hinab bis auf den Grund tauchen. Wenn die Wellen oben auf der Meeresoberfläche zu wild wurden, dann tauchte er in die Tiefe des Meeres hinab. Zwischen den grünen Algen und Meerespflanzen trieb er hin und her. Wunderschöne Korallen und Muscheln sah er dort unten.
Wenn oben der Sturm tobte, hörte er auf dem Grund des Meeres manchmal eine wunderschöne Musik. Wie leise Flötentöne oder zarte Harfen klang das.
Wenn du lauschen kannst, wirst du diese Musik vielleicht auch vernehmen. Sie ist ganz beruhigend und kann dich sanft in den Schlaf hinübertragen.
Der kleine Delphin mochte manchmal gar nicht mehr seine Schwanzflosse bewegen, so müde wurde er von der Musik. Er ließ sich auf dem Grund des Meeres treiben und blieb dort unbeweglich in seinem weichen Sandbett liegen. Ganz leicht trieb ihn die Strömung hin und her und auf und ab, so leicht und gleichmäßig wie dein Atem jetzt geht. Die Musik begleitete ihn bis in seine Träume hinein.
Auch du kannst jetzt sanft und ruhig einschlafen.

Wenn das Kind noch nicht eingeschlafen ist: Fortsetzung

Einmal träumte er, daß von fern ein großer Hai geschwommen kam. Die kleinen Fische nahmen rasch Reißaus. Der Hai peitschte durch die Wellen. Er verbreitete Angst und Schrecken.
Da erinnerte sich unser Delphin, daß seine Eltern ihm einen Zauberreifen um seine rechte Flosse geschlungen hatten. Wenn er den Zauberreifen drehte, dann schickte er zuckende Blitze aus und jeder Angreifer mußte rasch Reißaus nehmen.
Der Hai war jetzt ganz nah an ihn herangeschwommen. Er konnte schon seine gefährlichen scharfen Zähne erkennen. Da hob der Delphin seine rechte Flosse und schwenkte sie hin und her.
Wie vom Blitz getroffen, stürzte der Hai zur Seite und suchte so schnell wie möglich das Weite.
Der kleine Delphin schoß mit einer schnellen Drehung seiner Schwanzflosse nach oben und sprang vor Freude hoch aus dem Wasser heraus.

Ihr Feinde, überall im Meer,
kommt nur alle, alle her.
Heut und an allen Tagen
werd ich furchtlos euch verjagen!

rief er laut und schwang sich mit einem mächtigen Schlag seiner Schwanzflosse fröhlich empor. Dann schwamm er mutig und unbeirrt weiter durch das Wasser. Zu beiden Seiten seines glänzenden Leibes schwankten die Wellen auf und ab.

Nun siehst auch du die Wellen sich wiegen; kleine Sonnensterne tanzen auf dem Wasser auf und nieder, langsam und gleichmäßig, wie auch dein Atem jetzt kommt und geht. Der Delphin gleitet langsam und schwer durch das Wasser.

Du fühlst auch deinen Körper schwer und gelöst. Du wirst immer ruhiger, dein Atem geht ein und aus. Du bist ganz glücklich. Du hast keine Furcht mehr. Nichts wird dich bedrohen. Du bist frei und sicher wie der kleine Delphin.
Wenn du jetzt einschläfst, kannst du träumen von den schönen grünen Wasserpflanzen, von den Korallen und Muscheln, in denen das weite Meer rauscht - langsam und gleichmäßig.

Die Geschichte von Quicks, dem kleinen grünen Frosch

Es war eine warme Mainacht. Hoch am Himmel zog der Mond seine Bahn. Die Sterne funkelten. Es war so klar, daß sogar die Milchstraße zu erkennen war.
Am Rand des Teiches saßen die Frösche und quakten. Quicks, der kleine grüne Frosch mit den großen Augen konnte es am allerbesten.
Nach einer Weile sprang er ins Wasser und schwamm mit seinen langen Froschbeinen immer um das große grüne Seerosenblatt herum.
Das gab kleine und große Kreise, die ruhig und gleichmäßig über das Wasser trieben.
So ruhig, wie du jetzt atmest. Ganz gleichmäßig geht dein Atem.
So ruhig, wie die Kreise auf dem Wasser ziehen.
Der kleine Frosch sah das Seerosenblatt vor sich im Wasser glänzen.

Grünes Blatt, halt doch mal still,
weil ich auf dir schlafen will,

quakte er leise. Er kletterte auf das Seerosenblatt - schwupp - saß

er oben. Eine schöne große gelbe Seerosenblüte wuchs aus der Tiefe des Wassers neben dem Blatt empor.
„Bist du schön!" quakte der kleine Frosch. Der leise Abendwind strich über das Wasser. Ganz langsam schwankte die Blüte hin und her.
Auch dein Atem geht jetzt ganz ruhig und langsam ein und aus, hin und her, wie das leise Schwanken der Blüte, wie die leisen Wellen des Teiches, auf und ab, hin und her.

Gelbe Blüte, bist du schön,
laß dich doch von nah besehn,

quakte der kleine Frosch. Als er sich über das Seerosenblatt beugte, sah er eine große runde Scheibe im Wasser schwimmen. Immer hin und her, auf und ab trieb sie.
„Ist der Mond ins Wasser gefallen?" rief der kleine Frosch aufgeregt. „Wie soll ich ihn nur herausholen? Ich muß ihm helfen, die anderen Frösche sitzen so weit weg am Ufer."
Schwupp - sprang er ins Wasser. Er biß einen kleinen Seerosenstengel ab und versuchte, ihn um die große gelbe Scheibe zu wickeln.

Mond, faß doch den Stengel an,
daß ich dich ans Ufer ziehen kann!

quakte er. Er nahm das andere Ende des Stengels ins Mäulchen und schwamm in ruhigen langen Zügen dem Schilf entgegen.
Dann saß er ganz erschöpft zwischen den Binsen. Das war aber schwierig gewesen!
Und wo war der Mond geblieben? Der hing wieder hoch am Himmmel und schien und schien, als ob nichts gewesen wäre.
Der kleine Frosch aber kuschelte sich ganz stolz und gemütlich in sein weiches Moosblatt am Ufer. Er schaute noch ein Weilchen auf die Wolken, die sachte heranschwebten - auf und ab, ganz ruhig, wie jetzt dein Atem geht.

Du bist jetzt auch ganz ruhig und entspannt. Du machst die Augen zu - wie der kleine Frosch. Du fühlst dich wohl in deinem Federbett. Du siehst das Seerosenblatt und die gelbe Blüte vor dir und spürst, wie die Wellen hin- und herschwanken. Du wirst ganz ruhig und entspannt schlafen.

Im Land der Abenteuer

Du liegst ruhig und entspannt auf einer weiten Wiese, da hörst du plötzlich so etwas wie ein helles Singen und Glockenläuten in der Luft. Und wie du aufstehst und umherschaust, siehst du einen glänzenden Lichterbogen ein Stückchen von dir entfernt vor dem Wald über der Wiese schweben.

Du stehst auf und gehst hin. Ja, von dorther kommt auch das Singen, und du schaust dir den Lichterbogen genau an. Einmal herum läufst du um ihn, und dauernd ändert er seine Farbe, so daß er aus jeder Richtung anders aussieht. Und schließlich trittst du durch den Bogen hindurch.

Die Wiese und der lichte Wald sind verschwunden, du stehst auf einer kleinen Lichtung. Wie ein Dschungel umgibt dich nun das Grün, riesige Urweltbäume ragen mächtig hinein in den Himmel. Durch ihre Äste hindurch kannst du einen gewaltigen Berg sehen, dessen Gipfel weiß von Schnee glänzt. Überall wächst Efeu und undurchdringliches Dickicht. Orchideen blühen geheimnisvoll und verbreiten einen wunderbaren Duft. Ein Lärm ist das hier, denkst du und hältst dir unwillkürlich die Ohren zu. Ja, überall um dich herum pfeifen, trillern und kreischen unzählige Vögel. Und auch winzige Kolibris mit unglaublich schnellem Flügelschlag kannst du sehen, wie sie in den Orchideenkelchen nach Nektar suchen.

„Dies ist das Land der Abenteuer", krächzt dir ein uralter Papagei zu, der dich von seinem Platz im Geäst eines mächtigen Urwaldbaumes schweigend betrachtet hat. „Siehst du den Stab, der an meinen Baum gelehnt ist?" fragt er dann.

„Ja", antwortest du.

„Das ist ein Zauberstab. Du kannst ihn verwandeln, in was immer du willst. In ein Messer, eine Flasche Sprudel, ein Seil, ein Feuerzeug. Aber es darf immer nur eine Sache auf einmal sein."
„Gut", meinst du und nimmst den Stab.
Dann gehst du auf Entdeckungsreise. Zuerst verwandelst du den Stab in ein Buschmesser, um durch den dichten Dschungel zu kommen. Meter um Meter kämpfst du dich durchs Dickicht voran. Plötzlich stolperst du über einen dicken Ast auf dem Boden. Aber der Ast wird lebendig, und du merkst, daß es eine Riesenschlange ist, die sich nun wütend auf dich stürzen will.
„O weh - jetzt schnell eine Idee!"
murmelst du vor dich hin.
„O weh - jetzt schnell eine Idee!"
Und dann hast du eine Idee, was du wegen der Riesenschlange machen kannst, und du tust es.
Nachdem du mit der Riesenschlange fertig geworden bist, gehst du weiter durch den Dschungel. So dicht ist das Gestrüpp, daß du kaum etwas sehen kannst. Da gibt es plötzlich ein lautes Gequietsche - und ein Wildschwein mit kräftigen Stoßzähnen, dem du auf den Rüssel getreten bist, funkelt dich böse an. Du entschuldigst dich stotternd, aber das Wildschwein hört gar nicht zu, sondern senkt den Kopf und nimmt Anlauf, um dich umzurennen.
„O weh - jetzt schnell eine Idee!"
murmelst du wieder vor dich hin.
„O weh - jetzt schnell eine Idee!"
Und du hast eine Idee, wie du mit dem Wildschwein fertig werden kannst, und du tust es.

Weiter geht es dann durch den Dschungel. Jetzt ist kaum mehr Dickicht, die Bäume stehen auch weiter auseinander, so daß du das Buschmesser gar nicht mehr brauchst und in einen Spazierstock verwandelst. Fröhlich singend wanderst du weiter, den mächtigen Berg hinauf. Du merkst gar nicht, wie die Vögel plötzlich Alarmrufe ausstoßen und immer mehr Tiere in Panik an dir vorüberflüchten. Aber dann siehst du, daß dich ein riesiges Ameisenheer in die Zange genommen hat, Millionen und Abermillionen von Wanderameisen, die alles auffressen, was ihnen auf ihren Raubzügen

begegnet. Vor dir, links und rechts von dir, da sind sie schon. Du willst zurückrennen, aber da schließen sich die beiden Flügel des Heeres auch hinter dir, und du bist ganz eingekreist.
„O weh - jetzt schnell eine Idee!"
murmelst du vor dich hin.
„O weh - jetzt schnell eine Idee!"

Und dann fällt dir ein, was du tun kannst, um den Ameisen zu entkommen, und du tust es.
Und weiter gehst du, den Berg hinauf. Die Bäume werden immer weniger, die Felsen mehr, bald wanderst du nur noch über nackten Stein. Da plötzlich hörst du über dir ein Federsausen, mächtige Krallen packen dich an den Kleidern, und ein riesiger Raubvogel, größer als der größte Adler, trägt dich durch die Luft immer höher den Berg hinauf. Kleiner und kleiner wird der Dschungel unter dir, hören kannst du ihn schon lange nicht mehr, nur das Sausen der Luft um deine Ohren. Krampfhaft hältst du den Stock fest, aber anfangen kannst du gerade nichts mit ihm. Endlich ist die luftige Reise zu Ende. Ein gewaltiges Nest zwischen mächtigen Felsen ist euer Ziel. Der Vogel wirft dich hinein, mitten unter seine Jungen, so daß du einen Purzelbaum machst. Die Jungen sind genauso verdutzt wie du. So etwas haben ihnen die Eltern wohl noch nie ins Nest gelegt. Zwar krächzen sie dich nicht gerade sehr freundlich an, aber sie tun dir auch nichts.
Wie aber nun weiter? Das Nest ist direkt in eine winzige Felsnische gebaut, überall nur Felswände, über die du nicht klettern kannst. Aber wenn du nichts tust, dann mußt du ewig hierbleiben, oder die Vögel stoßen dich doch noch in den Abgrund.
„O weh - jetzt schnell eine Idee!"
murmelst du.
„O weh - jetzt schnell eine Idee!"
Und dann hast du plötzlich eine Idee, was du tun kannst, um hier wieder fortzukommen. Und du tust es.
Den Vögeln und dem Abgrund bist du entkommen, und wie du noch ein Stückchen weiter wanderst, da hörst du wieder das Klingen und Singen in der Luft und siehst schließlich vor dir den Lichterbogen schimmern. Halb freut es dich, halb tut es dir leid, daß dein Abenteuer damit zu Ende ist. Du trittst durch den Lichterbogen und bist wieder auf deiner Wiese und in deiner eigenen Welt. Du schaust dich um, und der Lichterbogen ist noch immer da, er blinkt in allen Farben, als wenn er noch etwas von dir haben wollte. Da lachst du und wirfst den Zauberstab hindurch, den brauchst du hier nicht. Und langsam gehst du dann über deine Wiese wieder nach Hause.

Die schnellste Schnecke der Welt

Du liegst ruhig und entspannt auf einer Wiese, da siehst du eine Weinbergschnecke, also eine Schnecke mit so einem Häuschen, auf der niedrigen Mauer neben dir kriechen. Ganz niedergeschlagen sieht sie aus, ihre Fühler hängen kraftlos zu Boden, ja du glaubst sogar, daß du sie leise weinen hören kannst.
„Was ist denn los, Weinbergschnecke?" fragst du sie mitleidig.
„Ach", antwortet sie, „es ist so traurig, es ist eine Schande. Heute hatten wir unsere jährliche Schneckenversammlung, und da haben sie mich zur schnellsten Weinbergschnecke der Welt gewählt."
„Aber das ist doch wunderbar!" antwortest du.
„Du hast keine Ahnung", meint sie dazu, „du bist eben ein Mensch. Ihr macht alles blitzeschnell. Für euch mag das ja auch ganz recht sein, aber bei uns ist es anders. Unser höchstes Ziel ist es nämlich, besonders langsam und elegant durch die Gegend zu schlendern. Und von allen Schnecken sind wir Weinbergschnecken die langsamsten. Deshalb sind wir ja auch dazu übergegangen, immer unser Haus auf dem Rücken mitzuschleppen, weil wir sonst garantiert immer zu spät zu Hause wären. Nur ich bin anders", seufzt sie, „immer bin ich zu schnell und zu zappelig."
„Das geht mir auch oft so", antwortest du. „Und auch bei uns Menschen ist das keineswegs so selbstverständlich, wie du anscheinend meinst. Schnell sein ist schon gut, aber wenn man zu schnell ist, na, bestimmt rast man dann am Ziel vorbei oder stolpert, bevor man es erreicht hat."
„So, so", sagt die Weinbergschnecke. „Und was macht ihr Menschen dann, wenn euch eure Hast und Eile und Zappeligkeit bei einer Sache schaden?"

„Ja, vielleicht versuchst du es einmal mit einem Merkspruch", rätst du der Weinbergschnecke. „Immer, wenn du bemerkst, daß du wieder viel zu hastig bist, dann hältst du kurz inne, atmest tief ein und aus und sagst dir leise vor:
Ruhig und still,
geht's wie ich will."
„Und das soll klappen?" zweifelt die Weinbergschnecke.
„Wenn du es nicht probierst, dann wird es sicher nicht klappen. Aber wenn du es wirklich ein paarmal probierst ... du wirst schon sehen."
„Ruhig und still
geht's wie ich will",
murmelt die Weinbergschnecke einigemal vor sich hin:
„Ruhig und still
geht's wie ich will.
Einfach zu merken ist der Spruch ja", meint sie dann. „Ich will es einmal damit versuchen. Auf Wiedersehen und vielen Dank!"
Und damit kriecht sie langsam und elegant auf ihrem Mäuerchen davon.

Im Reich der Erdmännchen

„Hallo, du", ruft Teddy.
Keine Antwort.
„Hallo, du, hörst du mich nicht?"
„Ach so, du bist es, Teddy", antwortest du ganz versunken. „Ich schau mir gerade ein Bilderbuch an, das mir die Oma mitgebracht hat. Sieh nur! Was sind denn das für kleine Männchen mit diesen Hacken und Schaufeln?"
„Das sind sicher Erdmännchen", antwortet Teddy, der nun auch seine Nase ins Bilderbuch gesteckt hat. „Die leben im Traumland tief unter der Erde und graben dort nach Schätzen. Wollen wir sie dort einmal besuchen?"
„Ja, fein", freust du dich.
„Dann mal los", brummt Teddy: „Schließ die Augen, atme tief ein und tief aus und sage dreimal mit mir zusammen:
Ich bin ganz ruhig und still, weil ich ins Traumland will.
Ich bin ganz ruhig und still, weil ich ins Traumland will.
Ich bin ganz ruhig und still, weil ich ins Traumland will."
Und Huiiiiiiii, schon seid ihr da.
Als du wieder die Augen aufschlägst, steht ihr vor einer Felswand an einem gewaltigen Berg. Du schaust dich um.
„Wo sind denn die versprochenen Erdmännchen?" fragst du Teddy.
„Die haben doch ihre Städte unter der Erde, direkt bei ihren Bergwerken", erklärt er. „Schau, dort drüben zwischen den Felsen ist ein Eingang in ihr Reich, dort können wir hinein."
Du gehst mit Teddy zu den Felsen, und, tatsächlich, dort führt ein dunkler Spalt in das Innere des Berges. Zwei Wächter stehen vor dem Eingang:
„Halt! Wohin wollt ihr?" fragen sie. „Hier geht es zum geheimen Reich der Erdmännchen!"

„Dann sind wir ja genau richtig", brummt Teddy, „denen wollen wir nämlich einen Besuch abstatten."
„Wenn ihr möchtet", sagt einer der Wächter, „ihr seid herzlich willkommen. Wir freuen uns über jeden Besuch, der einmal in unser abgelegenes Reich kommt. Ihr werdet aber nicht durch den Eingang passen, und auch die Gänge sind viel zu eng und niedrig für euch. Bei dir könnte es noch gehen", wendet er sich an Teddy, „aber du bist nun wirklich zu groß für uns", meint er dann bedauernd zu dir.
„Oh, schade", sagst du enttäuscht, obwohl es dich auch ein wenig freut, daß in diesem Land nun du der Riese bist.
„Ich kenne einen Zauberspruch, der dich so klein machen kann, daß du auch durch ein Mäuseloch passen würdest", brummt Teddy und spricht dann:
„Eins, zwei, und sogleich,
Glieder, schrumpft fürs Zwergenreich!"
Da wird es dir plötzlich ganz komisch zumute, und als du wieder die Augen aufschlägst, scheinen dir Teddy und die beiden Erdmännchen sehr gewachsen. „Aber nein", denkst du dann, „ich bin nur kleiner geworden."

Und so ist es, du bist jetzt genauso groß wie Teddy.
„Ja, jetzt paßt auch du in unsere Gänge", sagt einer der netten Wächter. „Wir dürfen den Eingang nicht verlassen, da immer eine Wache hier sein muß, um Leute zu warnen, daß sie nicht aufs Geratewohl in unseren Berg eindringen und sich darin verirren. Aber wenn ihr immer geradeaus geht, dann trefft ihr bald auf andere Erdmännchen im Bergwerk, die werden euch weiterhelfen."
So gehst du mit Teddy durch den Eingang, und ihr dringt tiefer ins Innere des Berges vor.
„Warum ist es denn so hell hier?" flüsterst du. „Es brennt doch gar kein Licht."
„Das sind die Leuchtgesteine in den Wänden", erklärt Teddy, „schau nur hin."
Und, ja, wie du die schroffen Wände genauer betrachtest, siehst du, daß sie von innen her in einem hellen, warmen Licht glänzen und schimmern.
Ihr geht weiter und seht Kristalle in den Wänden, die bunt aufleuchten, wenn man in ihre Nähe kommt.
Dann findet ihr die ersten Erdmännchen. Einige arbeiten mit Schaufel und Hacke an einer Felswand, andere fahren die abgebrochenen Gesteine auf kleinen Schienenwagen in ihre Fabriken.
„Ihr könnt mit uns kommen", laden sie euch ein, „dann zeigen wir euch unsere Stadt."
„Das ist nett von euch", antwortet Teddy, und ihr folgt den fleißigen Männchen.
Durch enge, niedrige Gänge gelangt ihr schließlich in eine größere Felshöhle, wo du dich wieder einmal richtig strecken kannst.
Aber dort kommen euch einige andere Erdmännchen entgegengesprungen und rudern aufgeregt mit den Armen: „Der Gang zur Stadt ist zusammengebrochen", rufen sie ganz durcheinander, „wir kommen nicht mehr durch!"
„Oh, wie schade", sagst du.
„Können wir euch beim Wegräumen der Steine helfen?" erkundigt sich Teddy.
„Ihr könnt schon", antwortet ein Erdmännchen, „aber es wird sicher Stunden dauern, bis wir den Gang wieder freigeräumt haben."
„So lange haben wir nicht Zeit", meint Teddy.

Da kommt dir eine Idee: „Sag mal, Teddy", fängst du an, „wenn du mich mit deinem Zauberspruch wieder groß machst, dann wäre ich doch viel stärker und könnte die Steine schnell wegräumen."
„Das ist eine sehr gute Idee", brummt Teddy, „die Höhle hier ist ja groß genug zum Stehen für dich."
Er sagt seinen Zauberspruch:
„Zwei, drei, nur nicht bang,
Glieder werden wieder lang!"
und du wächst wieder zu deiner normalen Größe.
Dann geht ihr zum verschütteten Gang. Dort nimmst du dir einen der Transportwagen, die dir jetzt klein wie Spielzeuge vorkommen, und tatsächlich: in wenigen Minuten schon hast du die Felsen weggeräumt.
„Vielen Dank", freuen sich die Erdmännchen, die sich gleich daran gemacht haben, den Gang mit Holzstützen abzusichern.
„Es war mir eine Freude", erwiderst du. Du bist ganz glücklich, daß du den tapferen Erdmännchen helfen konntest.
„Jetzt müssen wir aber wieder heim", brummt Teddy. Und, ja, zu einem Besuch in der Erdmännchenstadt ist es jetzt doch zu spät geworden. Aber das läßt sich ja einmal nachholen, denkst du.
Ihr faßt euch an den Händen und Huiiiii, schon seid ihr wieder in deinem Zimmer daheim.
„Das war aber schön", sagst du und gähnst. „Und die Erdmännchen sahen fast so aus wie die im Bilderbuch."
„Für heute hast du aber genug erlebt", brummt Teddy, „jetzt ist es Zeit für den Schlafzauber."
Schließ die Augen, atme tief ein und tief aus und sage dreimal mit mir zusammen:
Ich bin ganz ruhig und still, weil ich jetzt schlafen will.

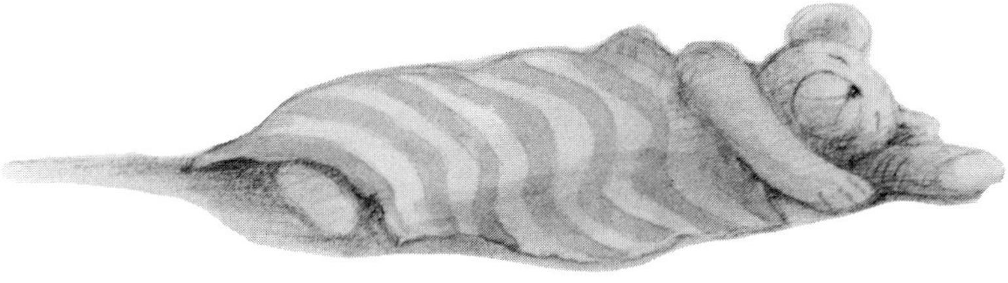

Kapitel 7

Lieber Gott, heut' war es schön
Abendgebete für Kinder

Liebe Eltern!

Die Fragen nach unserem Woher und Wohin, nach Sterben, Tod und Ewigkeit, nach dem Sinn unseres Lebens beschäftigen Kinder schon mit drei, vier, ja manchmal schon mit zwei Jahren.
Diese Fragen sind häufig mit Ängsten verbunden. Unsere Antworten sind nicht nur wichtig für das Weltbild der Kinder, sie spüren aus ihnen auch, ob wir selbst voller Hoffnung oder Angst, voller Zuversicht oder Verzagtheit sind. Sie spüren - und da ist es wichtig, daß wir versuchen, nicht nur sachlich richtige Antworten zu geben. Es hilft den Kindern, wenn wir auch über unsere Hoffnungen und Ängste sprechen.
In diesem Kapitel unseres Buches bieten wir Gebete an - wohl wissend, daß die Zwiesprache mit einem metaphysischen Wesen heute nicht mehr zur Alltagskultur aller Menschen gehört.
Es gibt Menschen, die lehren ihre Kinder beten, ohne es selber zu können oder zu tun. Diese Schizophrenie hilft niemandem.
Verstehen Sie also bitte das folgende Angebot von Kindergebeten nicht als Aufforderung zu solcher „Doppelzüngigkeit". Wenn Sie Ihre Kinder nicht lehren können, mit Gott zu reden, dann - das allerdings ist wahr - sollten Sie Ihren Kindern noch mehr Zeit geben, daß sie mit Ihnen reden können.

Ihr Horst Speichert

Am Geburtstagsabend

Schön ist dieser Tag gewesen,
wie hab' ich getobt, gelacht.
Blumen, Kerzen, viele Freunde,
alles hat mich froh gemacht!

Abend ist es nun geworden,
meine Freunde gehn nach Haus'.
Mutter sitzt nach all dem Trubel
dort am Tisch und ruht sich aus.

Und ich lieg' in meinem Bettchen,
ich bin glücklich und ganz still.
Lieber Gott, ich falt' die Hände,
weil ich dir nun danken will.

Volksgut

Schon glänzt der goldne Abendstern,
gut Nacht, ihr Lieben, nah und fern,
schlaft ein in Gottes Frieden.
Die Blume schließt die Äuglein zu,
der kleine Vogel geht zur Ruh',
bald schlummern alle Müden.

Du aber schläfst und schlummerst nicht,
dir, Vater, ist das Dunkel licht,
dir will ich mich vertrauen.
Hab' du uns alle wohl in acht,
laß uns nach einer guten Nacht
die Sonne fröhlich schauen.

Angst

Ich bin heut' allein zu Hause.
Ängstlich bin ich aufgewacht.
An der Decke meines Zimmers
huschen Lichter durch die Nacht.

Meine Eltern sind bei Freunden.
Soll zum Telefon ich gehn?
Welche Nummer muß ich wählen?
Irgendwo muß sie doch stehn!

Und ich starre in das Dunkel,
lausche in die Nacht hinaus.
Da! Ich höre leise Schritte.
Irgend jemand schleicht ums Haus.

Zitternd falte ich die Hände.
Hörst du meine Stimme, Herr?
Laß kein Unheil zu mir kommen,
denn ich fürchte mich so sehr!

Du hast uns doch fest versprochen,
du läßt niemals uns allein.
Laß mich deine Nähe spüren
und in deinem Schutze sein.

Danke für den schönen Tag

Heute war ein schöner Tag.
Ich mochte so gern im Sandkasten wühlen
und mit dem Till und der Gabi spielen.
Wir buddelten tief in die Erde hinein
einen langen Tunnel, das war fein.
Danke für den schönen Tag,
Danke für alles, was ich mag.

Heute war ein schöner Tag.
Toll war das auf der Rutschbahn,
ich war bestimmt schon zehnmal dran.
Dann bin ich auf die Schaukel hochgestiegen,
ich möchte weit zu den Bäumen fliegen.
So viel Schönes, lieber Gott, du uns gibst,
wir spüren daran, daß du uns liebst.

Heute war ein schöner Tag.
Wir haben im Wasser getobt und geplanscht,
mit Matsch gekleckert und gemanscht.
Da war was los am großen Strand,
so viel Muscheln und Quallen, so viel warmer Sand.
Danke für alles, was du uns schenkst,
danke, lieber Gott, daß du uns lenkst.

Heute war ein schöner Tag.
Wir haben gespielt, getobt und gelacht.
Doch nun kommt die dunkle Nacht.
Unterm Bettdeck' ist's schön warm,
und Teddy träumt in meinem Arm.
Ganz zufrieden schlaf' ich ein,
du, lieber Gott, wirst bei mir sein.

Nun wollen wir beten das Abendgebet

Nun wollen wir beten das Abendgebet
und bitten, daß Gott uns behüt'.

Es weinen viel Augen wohl jegliche Nacht,
bis morgens die Sonne erwacht.

Es wandern viel Sternlein am Himmelsgrund,
wer sagt ihnen Fahrweg und Stund?

Daß Gott uns behüt', bis die Nacht vergeht,
kommt, betet das Abendgebet.

Abendlied

Wie so leis' die Blätter wehn
In dem lieben, stillen Hain!
Sonne will schon schlafen gehn,
Läßt ihr goldnes Hemdelein
Sinken auf den grünen Rasen
Wo die schlanken Hirsche grasen
In dem roten Abendschein.

In der Quellen klarer Flut
Treibt kein Fischlein mehr sein Spiel,
Jedes suchet, wo es ruht,
Sein gewöhnlich Ort und Ziel
Und entschlummert überm Lauschen
Auf der Wellen leises Rauschen
Zwischen bunten Kieseln kühl.

Vöglein, euer schwaches Nest,
Ist das Abendlied vollbracht,
Wird wie eine Burg so fest;
Fromme Vöglein schützt zur Nacht
Gegen Katz- und Marderkrallen,
Die im Schlaf sie überfallen,
Gott, der über alle wacht.

Clemens Brentano

Lieber Gott, ich kann jetzt ruhig
in meinem warmen Bett liegen und schlafen.
Viele Menschen müssen jetzt arbeiten.
Die Lokomotivführer, die Busfahrer
müssen hellwach sein, damit sie
die Menschen sicher ans Ziel bringen.
Die Flugkapitäne müssen die vielen
Instrumente sicher bedienen, wenn sie
durch den dunklen Himmel fliegen.
Die Ärzte und Krankenschwestern
müssen Nachtwache halten.
Hilf' allen Menschen, die heute nacht
für andere wach bleiben müssen.
Laß sie in ihrem Dienst nicht müde werden.
Und schenk' ihnen einen guten Schlaf
am nächsten Tag. Laß auch die vielen
kranken Menschen ruhig schlafen
und schenk' ihnen Kraft, wenn sie
Kummer und Schmerzen haben.

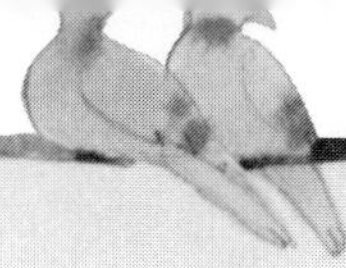

Nach Psalm vier

Die kleinen Amselkinder
in unserm Pflaumenbaum,
die kuscheln sich ins warme Nest
und piepsen leis im Traum.

Die kleinen Kuscheltiere,
die sagen Gute Nacht.
Mein lieber Hund, mein Teddybär,
ich deck' dich zu ganz sacht.

Ich steh' an meinem Fenster
und seh' den Sternen zu.
Da schwimmt vorbei der goldne Mond
und sagt: Leg' dich zur Ruh'!

Nun bin ich schon ganz müde,
der Tag war heute schön.
Ich hab' gespielt, getobt, gelacht.
Jetzt will ich schlafen gehn.

Du, lieber Gott, bist nahe,
schenkst Ruh' und Frieden mir.
Du tröstest mich bei Tag und Nacht.
Ich danke dir dafür.

Lieber Gott, du hältst die Wacht.

Liebe helle Sterne
in dem großen dunklen Meer,
ich seh' euch ganz golden funkeln,
ihr schwimmt hinterm Monde her.

Liebe helle Sterne,
ihr funkelt hoch am Himmelszelt,
Euch hat der liebe Gott erdacht
und unsre schöne weite Welt.

Lieber großer gelber Mond,
manchmal hast du ein Gesicht,
und du scheinst durch unsre Scheiben
mit dem hellen Licht.

Lieber großer gelber Mond,
du schwimmst durch das Wolkenmeer.
Hier ein Zipfel, da ein Zipfel,
doch jetzt seh' ich dich nicht mehr.

Und nun schließe ich die Augen,
schlafe tief die ganze Nacht,
Lieber Gott, für alle Menschen
bist du da und hältst die Wacht.

Weißt du, wieviel Sternlein stehen

Weißt du, wieviel Hasen springen
hoppla - übern grünen Klee.
Wieviel Lerchen auch sich schwingen
überm Kornfeld in die Höh'?
So viel Grillen in den Hecken
zirpen, hüpfen und uns necken
früh im Sommersonnenschein.

Weißt du, wieviel Adler schweben
über Felsen, weiße Höhn.
Wieviel flinke Fischlein leben
in den dunklen kühlen Seen?
Seht die Tiere, all die vielen,
wie sie hoppeln, fliegen, spielen
und sich ihres Lebens freun.

Weißt du, wieviel Kinder träumen
unterm Bettdeck', weich und warm.
Lausch dem Nachtwind in den Bäumen,
Teddy schläft in deinem Arm.
Ziehn am Himmel Wolkenschafe,
schließ die Augen, Kind und schlafe,
Gott, der Herr, er hält die Wacht.

Kapitel 8

Bastelanregungen

Sandmännchen

Wir brauchen: Figurendraht, 40 und 20 cm lang, eine Holzkugel mit Loch, Durchmesser 5 cm. Vier kleine farbige Holzkugeln, Filz (für Hemd, Hose, Hut, Säckchen), Wolle.

Kuschelkasper

Wir brauchen: 30 x 30 cm weichen, weißen Stoff (Flanell, Trikot oder Batist), Nadel, Faden, Schere, ungiftige Stoffarben.

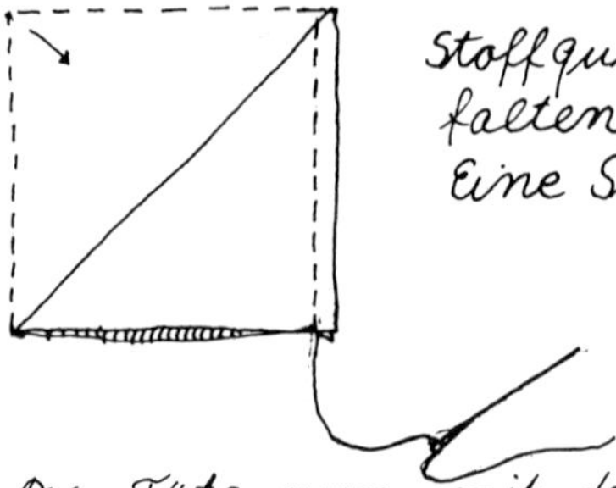

Stoffquadrat zu einem Dreieck falten.
Eine Seite zunähen.

Die Tüte nun mit der Naht nach innen krempeln, und sie so legen, daß die Naht auf der Faltlinie liegt.

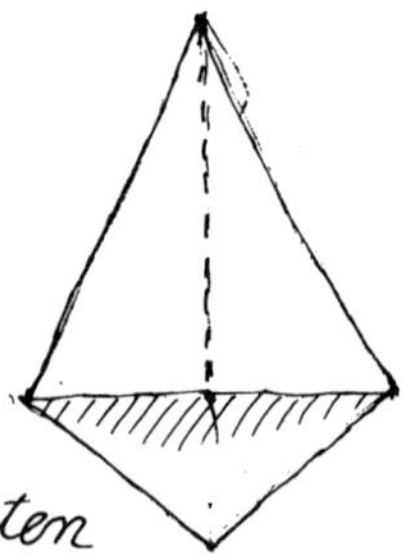

Tüte mit der Naht nach unten drehen und Löcher für den Daumen und den kleinen Finger schneiden.

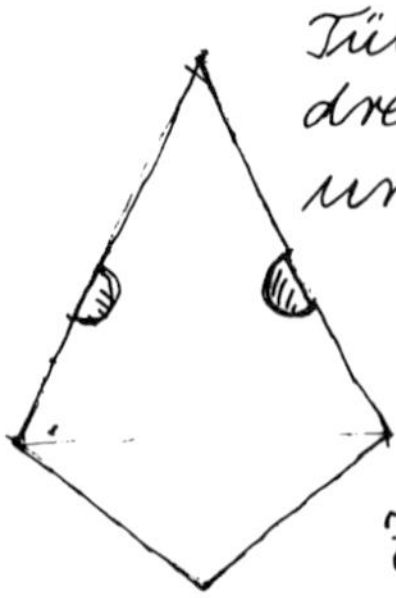

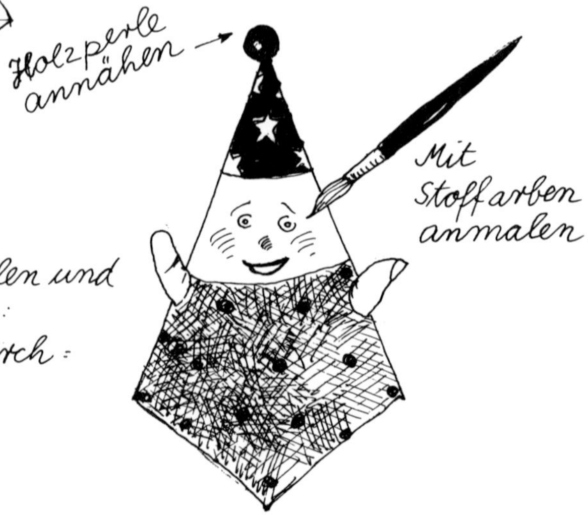

Zum Spielen und Kuscheln:
Finger durchstecken.

Schlafmaus

Wir brauchen: Filz (schwarz, weiß, grau), Nadel und Faden, Klebstoff (ungiftig), Wolle.

Stoff doppelt legen. Mäusekopf mit Augen, Nase Mund aufzeichnen und (nicht am Stoffbruch) ausschneiden, auch die Fingerlöcher. Teile zusammennähen. Mundlinie nähen und Lidschlitze einschneiden.

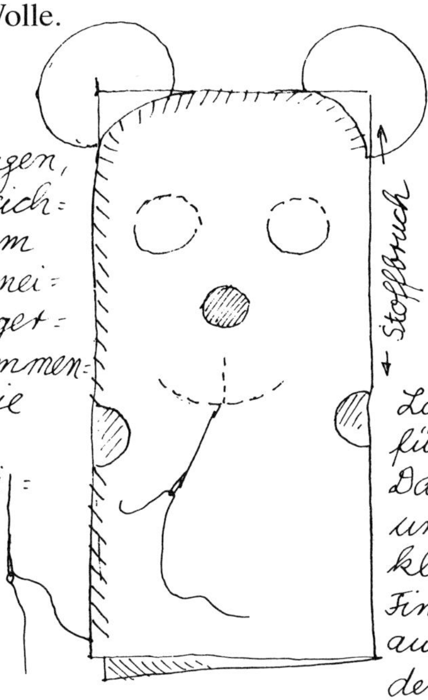

Löcher für Daumen und kleinen Finger ausschneiden.

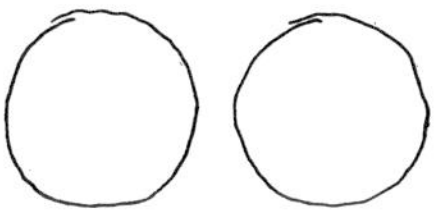

Ohren ausschneiden und von hinten am Kopf festnähen.

Nase aus Filz ausschneiden und ins Gesicht kleben.

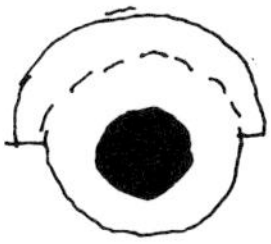

Zwei Augen mit Pupillen ausschneiden, durch die Lidschlitze stekken und an der ---- Linie von aussen festnähen.

Schwanz aus Wolle flechten und hinten festnähen.

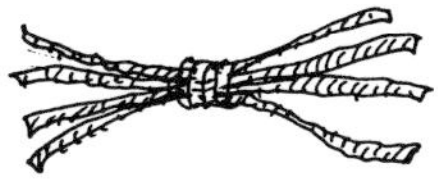

Schnurrbart aus Wolle unter die Nase nähen.

Halbmond und Wolke

Wir brauchen: Pappe, gelben Stoff (ca. 40 cm), dunkelblauen Stoff, Stoffmalfarben (schwarz, gold oder silber), Füllwatte, Nadel und Faden.

Halbmond auf Pappe zeichnen und ausschneiden.

Schablone auf doppelten Stoff legen und nachzeichnen. Auf der Linie entlang nähen. Loch zum Füllen offenlassen. 1cm von der Naht entfernt ausschneiden, umdrehen und füllen. Loch zunähen. Augen und Mund aufmalen.

Stoff doppelt legen, dazwischen Papier. Mit Bleistift Wolke aufzeichnen. Mit Stoffarbe Sternchen malen. 1cm von der Kontur entfernt ausschneiden, umdrehen und zusammennähen. Loch zum Wenden und Füllen offenlassen. Wenden, Füllen und Zunähen. Mond und Wolke an Fäden hängen.

Marienkäferkissen

Wir brauchen: roten Baumwollstoff, 30 x 60 cm, zwei weiße Kugelköpfe, mittelstarke schwarze Wolle, Häkelnadel, Füllwatte, Stoffmalfarben.

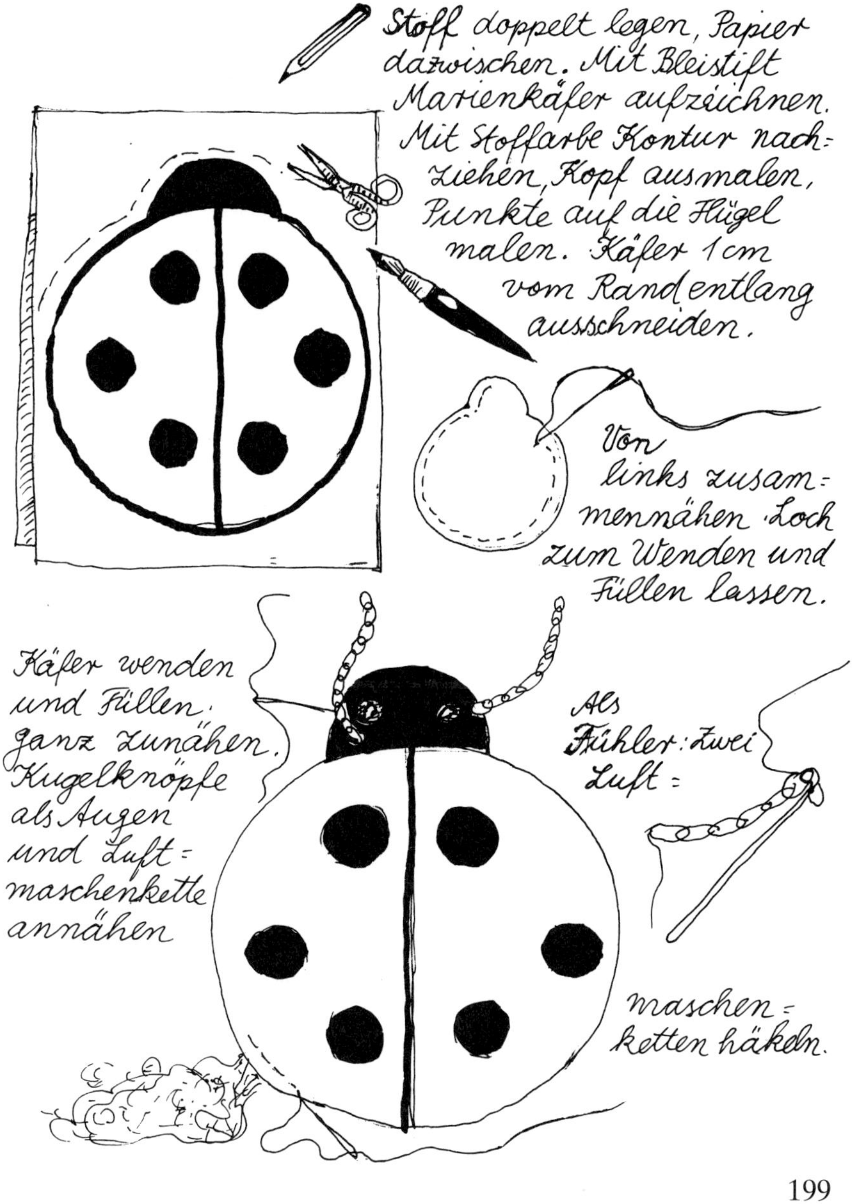

Mobile: Wolke, Mond und Sterne

Wir brauchen: Blauen und gelben Tonkarton, weißes Papier, Schere, Klebstoff, Faden.

Die große Wolke aus blauem Fotokarton ausschneiden, kleine Wolken aus weißem Papier. Die kleinen Wolken auf die große kleben.

Mond und Sterne (aus zwei gleichseitigen Dreiecken zusammenkleben) ausschneiden.

Mit Fäden an die große Wolke hängen.

Auch die große Wolke aufhängen.

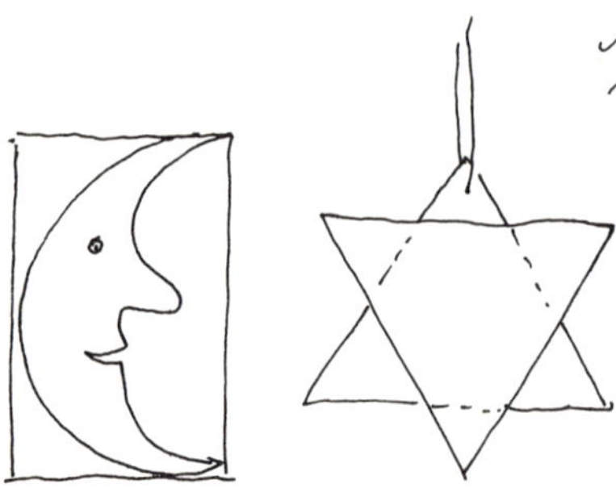

Gute Nacht !

Quellenverzeichnis

Folgende Texte wurden mit freundlicher Genehmigung der Verlage bzw. der Autorinnen und Autoren übernommen:

Barbara Bondy, „Die Geschichte von den Hunden und den Sternen"

Inge Kellermann, „Gutenacht-Geschichte von den Zahlen", aus:
Jella Lepmann, Die schönsten Gute-Nachtgeschichten,
Copyright Verlag Ullstein GmbH, Berlin

Gerd v. Bassewitz, „Peterchens Mondfahrt" aus:
Gerd v. Bassewitz, Peterchens Mondfahrt,
Copyright List/Südwestdeutscher Verlag/Südwest, München

Gisela Eberlein, „Der singende Seehund" aus:
MC electrola: Gisela Eberlein, Der singende Seehund und andere Geschichten als Weg zum Autogenen Training für Kinder"

Barbara Cratzius, „Am Geburtstagsabend",
dies., „Lieber Gott, du hältst die Wacht",
dies., „Nach Psalm 4",
dies., „Angst" , aus:
Barbara Cratzius, ...und ich spür, daß du mich liebst,
Copyright 1985 St. Johannis Druckerei

Barbara Cratzius, „Von den Hamstern im Herbst",
dies., „ Das Märchen vom Großen Bären", aus:
Barbara Cratzius, Herbst im Kindergarten,
Copyright Herder Verlag, Freiburg

Barbara Cratzius, „Weißt du, wie die Häschen schlafen?",
dies., „Ritsche-ratsche-ausradiert",
dies., „Der Nachtwind summt dazu", aus:
Barbara Cratzius, Ein ganzes Jahr und viel mehr,
Copyright Herder Verlag, Freiburg

Barbara Cratzius, „Von lautlosen nächtlichen Fliegern",
dies., „Von unseren Tieren", aus:
Barbara Cratzius, Uns gefällt die Herbstzeit,
Copyright Herder Verlag, Freiburg

Sabine Friedrich/Volker Friebel, „Im Land der Abenteuer",
dies., „Die schnellste Schnecke der Welt";
dies., „Im Reich der Erdmännchen", aus:
Sabine Friedrich/Volker Friebel, Entspannung für Kinder, MKl sachb.8563
Copyright 1989 by Rowohlt Taschenbuch Verlag GmbH, Reinbek bei Hamburg

Peter Hacks, „Abends im Gebirg' der Dächer", aus:
„Die Sonne" von Peter Hacks,
© Der Kinderbuchverlag Berlin, DDR 1974

Walther Hohenester, „Da nahm der Mond sein Pfeifchen",
Copyright Georg Lentz-Verlag, F.A. Herbig Verlagsbuchhdlg., München

Else Holmelund Minarik/Maurice Sendak „Was der kleine Bär sich wünscht" aus:
Else Holmelund Minarik/Maurice Sendak: Der kleine Bär
Copyright 1959 by Verlag Sauerländer, Aarau, Schweiz

Mascha Kaleko, „Der Mann im Mond", aus:
Mascha Kaleko, Wie's auf dem Mond zugeht,
Copyright 1982 Verlag Jan Thorbecke, Sigmaringen

James Krüss, „Der Stern der kleinen schwarzen Hunde"
James Krüss, „Wenn die Tiere träumen";

Margret Rettich, „Das Einschlafmärchen"; aus:
Gräfin Schönfeldt, Das große Gutenachtbuch für Kinder,
Copyright Annette Betz Verlag, Wien

Max Kruse, „Von der Lampe", aus dem dtv-Band:
Max Kruse, Warum... Kleine Geschichten von großen Dingen
Copyright 1983 Deutscher Taschenbuch Verlag, München

Mira Lobe, „Valerie und die Gute-Nacht-Schaukel" aus:
Mira Lobe, Valerie und die Gute-Nacht-Schaukel
Copyright 1981 by Verlag Jungbrunnen, Wien-München

Gunter Spang, „Die geträumte Maus"
Copyright Herder Verlag, Freiburg

H. Stempel/M. Ripkens, „Stimmen" aus dem dtv junior Band:
H. Stempel/M. Ripkens, Mit einem Fuß in der Luft,
Copyright Deutscher Taschenbuch Verlag, München

„Wenn Maja traurig ist", aus:
spielen & lernen, Heft Nr. 7, 1988, S. 27
Velber Verlag, Seelse

Bastelanleitungen:

Sandmännchen: Idee Frauke Stoekicht;

Schlafmaus: aus: Hofbauer, Minitheater,

Herder, Wien 1983;

Kuschelkasper: Idee Elisabeth Scharafat

Himmelsmobile: Idee Ulla Weber

Marienkäferkissen: Idee Ulla Weber

Halbmond und Wolke: Idee Ulla Weber

Karin Mönkemeyer
Babyspiele - Kinderspiele
555 Ideen und Anregungen
256 Seiten, zahlreiche Abbildungen, gebunden
ISBN 3-589-20870-8

Die Autorin bietet Anregungen für 555 Schmuse-, Finger-, Krabbel-, Bastel-, Sprach- und Rollenspiele für Kinder vom Babyalter bis zum Schulbeginn.

Cornelia Nitsch
Spiel und Spaß mit Enkeln
240 Seiten, zahlreiche Abbildungen,gebunden
ISBN 3-589-20898-8

Das Buch bringt mehr Farbe in die gemeinsamen Stunden - u.a. mit Geschichten zum Erzählen und Vorlesen, Liedern, Spielen und Basteleien.

Anne-Bärbel Münchmeier
Feste feiern mit Kinder
Ideen und Tips für 1.000 Gelegenheiten
256 Seiten, zahlreiche Abbildungen, gebunden
ISBN 3-589-20872-4

Die Autorin zeigt, wie man mit geringem Aufwand jedes Kinderfest zu einem unvergeßlichen Erlebnis machen kann. Viele Ideen werden als einzelne Bausteine angeboten, so daß jeder "sein" Fest zusammenstellen und gestalten kann.

Barbara Cratzius
Der Mond kommt durch die Nacht geschwommen
Einschlafgeschichten für Kinder und Tips für Eltern. Illustriert von Jule Ehlers-Juhle
208 Seiten, gebunden
ISBN 3-589-20908-9

Im Mittelpunkt stehen Geschichten und Gedichte, Lieder und Fingerspiele, die das Entspannen erleichtern helfen. Mit Geschichten zum Autogenen Training und Tips für Eltern.

scriptor

Jeder weiß, wie schwer es ist - aber es ist lernbar: zusammen leben

Hartmut Joost
Zusammen leben
Ein Test- und Trainingsbuch für Familien und Paare
192 Seiten mit 30 Abbildungen, gebunden
ISBN 3-589-20869-4

In 20 Kapiteln behandelt Hartmut Joost, ein erfahrener Familientherapeut, die wichtigen Dimensionen des Zusammenlebens in Familie und Partnerschaft. Grundlage der meisten Kapitel bilden Tests, mit denen sich der Leser eigene Stärken und Schwächen vor Augen führen kann. Ein Buch für kreative Eltern und Paare.

Zur ungesunden Nascherei gibt's jetzt Alternativen

Beate Seeßlen-Hurler
Das Beste von MacVollwert
Rezepte für gesunde und schnelle Naschereien, Snacks und "Zwischendurchs", die Kinder mögen
224 Seiten mit 12 Farbtafeln, gebunden
ISBN 3-589-20871-6

Die Autorin zeigt, wie man auch ohne großen Aufwand schnelle und gesunde Zwischenmahlzeiten zubereiten kann, die Kindern schmecken. Das Buch orientiert sich in seiner Gliederung am Familienalltag und gibt Hinweise für saisonale Besonderheiten, für schnelle und kinderleichte Zubereitung sowie Tips für die Herstellung auf Vorrat. Mit Küchentips und Kniffen zur Erleichterung der Arbeit.

scriptor